花冈事件70年

THE 70 TH ANNIVERSARY OF
HANAOKA INCIDENT

花冈和平友好基金管理委员会
花 冈 受 难 者 联 谊 会 出品

张国通 著

河南人民出版社

献给——

世界反法西斯战争胜利 70 周年

中国人民抗日战争胜利 70 周年

花冈事件 70 周年

目 录

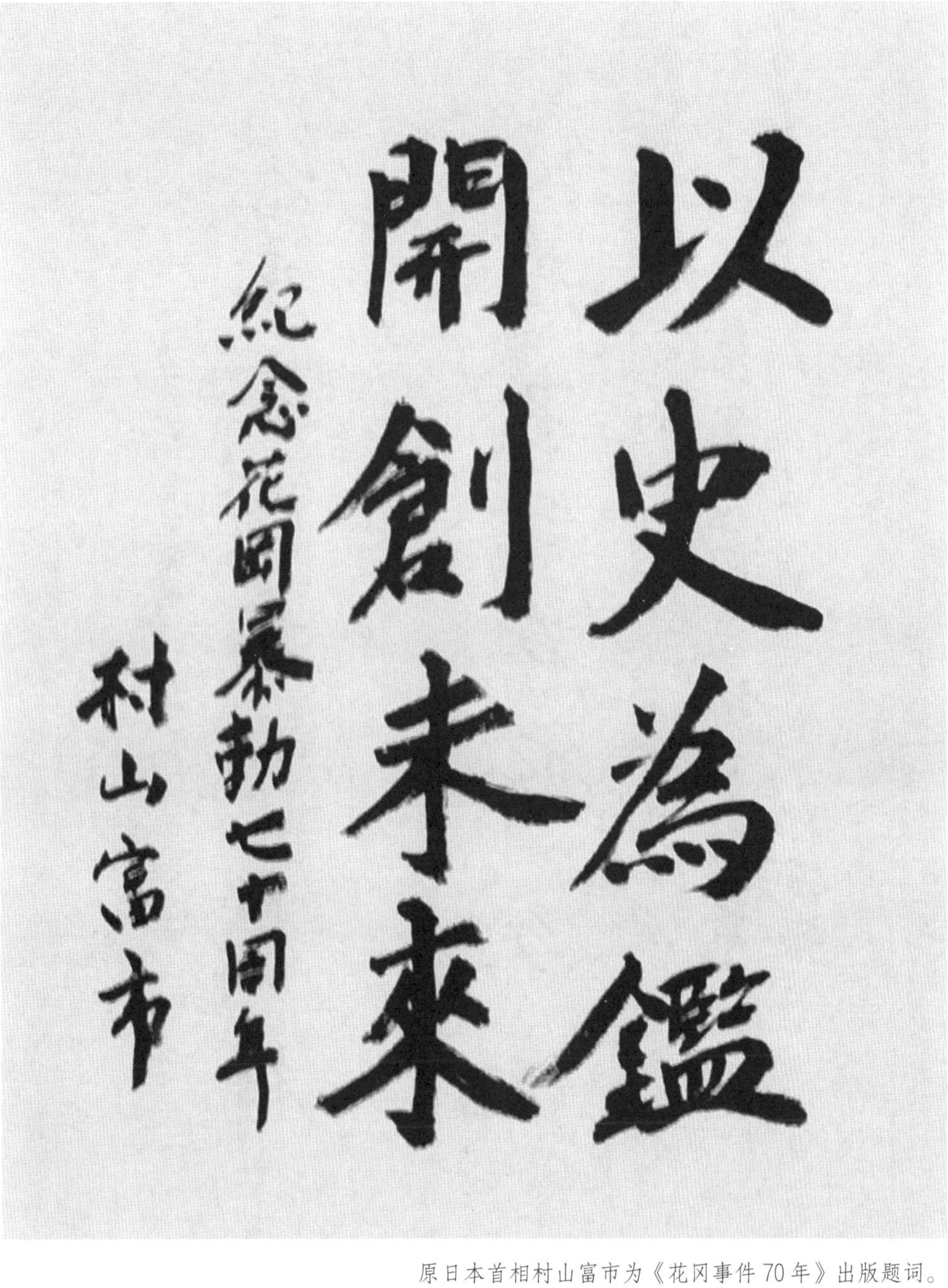
以史為鑑
開創未來
紀念花岡暴動七十周年
村山富市

原日本首相村山富市为《花冈事件70年》出版题词。

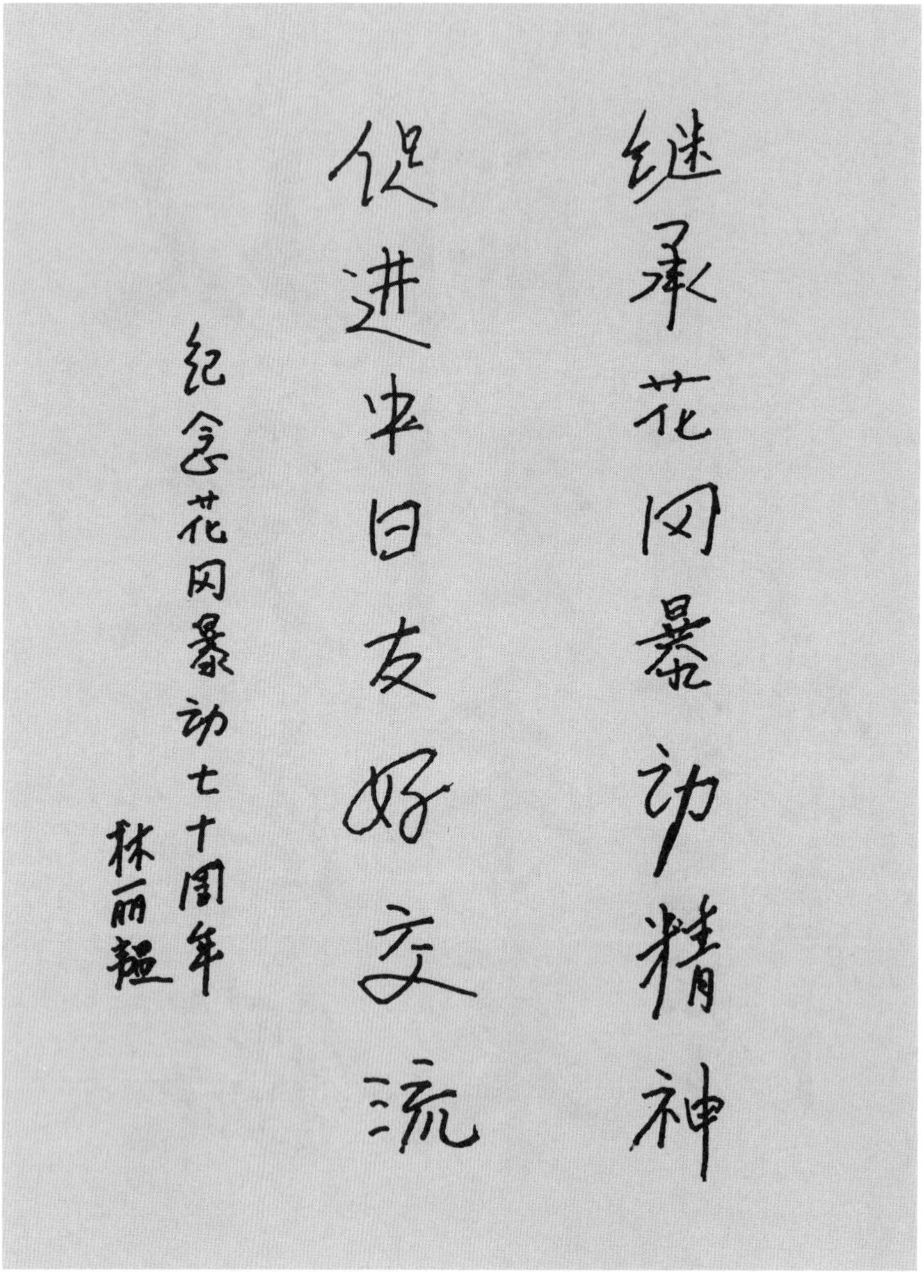
继承花冈暴动精神
促进中日友好交流
纪念花冈暴动七十周年
林丽韫

原全国台胞联谊会会长林丽韫为《花冈事件 70 年》出版题词。

民族尊嚴不可辱
兩岸攜手討公道

記念花岡暴動七十周年
高金素梅

台湾立法委员高金素梅为《花冈事件70年》出版题词。

序一

共同铭记，开创未来

——为《花冈事件70年》出版而作

日本参议院议员
日本社会民主党副党首　福岛瑞穗

位于秋田县大馆市的“花冈和平纪念馆”，于2010年4月17日举行了开馆仪式，当時我作为内阁大臣出席了开馆式，至今记忆犹新。

秋田县知事、中国大使馆薛剑参事官、旅日华侨林伯耀先生、田中宏先生等以及当地的人们参加了很多。中国方面也有多位出席。

这个纪念馆，是作为加害者为了悼念被害者、继承历史事实而建立的，具有极其重要的意义。对筹集资金、参加建设的诸位表示由衷的敬意。

残酷的劳动、逃跑后受到拷问等等，被这些事实震惊。对于像这样的事实，极大程度上未被日本社会所共知，另外，责任追究及补偿也极其不充分。

之后，访问纪念馆，听取事件当事者及家属们的声音。还有，很多从中国来的各位也多次来到议员会馆。我希望能够审视过去、共同铭记事实，实现补偿，开创未来。

2015年9月于东京

序二

花冈啊花冈，永不能忘

——纪念花冈暴动70周年

清华大学教授　刘江永

2015年，是世界反法西斯战争及中国人民抗日战争胜利70周年，也是花冈暴动70周年。同年9月1日上午，在天津烈士陵园举行了庄严肃穆的“花冈暴动纪念园”开园仪式。100多位花冈暴动遇难者后代、30多位中日友好人士出席仪式，并向纪念园内花冈暴动群像大型浮雕献花致哀，缅怀先烈。人们心中在默念：九泉之下的先烈们可以安息了！祖国和人民没有忘记你们，子孙后代没有忘记你们！你们不畏强暴、勇于斗争的精神，将永远激励中华民族的后代奋勇向前！中日两国爱好和平的人民永远站在一起！

花冈暴动，也称“花冈惨案”、“花冈事件”。这里曾经是日本军国主义侵华战争期间，日本鹿岛建设公司残酷奴役中国战俘、劳工的地方。

强掳中国劳工到日本做苦力，是二战期间日本东条英机内阁犯下的历史罪行之一。1948年4月16日盟军最高司令部法务局报告曾指出：“岸信介是东条英机最亲信的文官之一，他所管辖的工商省应对军需工业使用俘虏和强掳中国人劳动问题负责。”然而，同年12月美国占领当局又以“是否能确定有罪，尚属疑问”为由，对岸信介免于起诉而释放。尽管如此，不容否认的事实是，1942年7月11日，东条英机内阁工商大臣岸信介，确曾亲自到花冈矿山现场视察，要求为战争而增产。但是，当时伴随日本扩大侵略战争，国内劳力日益匮乏。于是，1942年11月27日，东条英机（1884-1948）内阁通过了《关于向国内移进华人劳工事项的决定》。这不能说与岸信介无关。

鹿岛建设公司创建于1840年，曾经是日本侵华战争的帮凶。1931年“九一八事变”后，该公司企业便进入当时中国东北的伪满洲国，修筑铁路、公路和碉堡等军事工程。1937年“七七事变”后，该公司企业又深入中国华北地区，从事铁道及军事工程建设，为日本掠夺中国煤炭资源等，发挥了重要作用。当时，其社长鹿岛守之助（1896-1975）曾任日本外交官10年，擅长外交史研究。他与鹿岛公司第四代传人鹿岛龙藏之女鹿岛梅结婚后，改姓鹿岛，于1938年任鹿岛公司社长，并于1942年6月至1943年9月担任日本“大政翼赞会调查局局长”，支持日本建立“大东亚共荣圈”。

“大政翼赞会”是1940年7月近卫文麿（1891-1945）内阁取缔一切政党而组建的法西斯专制组织。它的成立标志着日本军国主义体制的最终形成。鹿岛守之助正是在东条英机首相任“大政翼赞会总裁”期间出任该会要职，在东条内阁作出强征中国劳工决策和实施方面无疑都起到极为重要的作用。花冈惨案即发生在鹿岛守之助任鹿岛公司社长期间，其负有不可推卸的历史罪责。1946年至1951年，鹿岛守之助被解除公职，但其后则当选日本参议员，并于1957年在岸信介内阁任北海道开发厅长官，可见岸信介与鹿岛的关系非同一般。

当年被强掳到花冈“中山寮”的中国劳工986人中，包括国民党军、八路军、游击队的伤员及俘虏、共产党干部，以及工人、农民、商人、学生等，年龄最小的15岁，最大的67岁，大多为山东、河北人。他们在“鹿岛组”监工的奴役下，从事修改河道等苦役，受尽非人虐待。其中有200多人暴动前便已被虐身亡。

当时的日本监工有些是从侵华战场受伤退役的军人。他们殴打中国战俘和劳工手段凶残。当时鹿岛公司的经营方针之一是，不解职一个从前线退役的日本员工。这就使他们更加肆无忌惮地虐待华工。

1945年6月30日深夜，忍无可忍的近800名中国战俘和劳工为反抗凌辱与虐待，在大队长耿谆带领下愤然举行了花冈暴动。他们决心以死相拼，如暴动失败宁可跳海自杀。为避免伤及一位曾善待他们的日本工头越后谷义勇，暴动组织者把原定于6月27日举行暴动的时间推迟了3天，躲过了越后谷义勇值夜班的日子。另外，他们还规定，暴动不得骚扰和恐吓儿童、妇女和老人。在自己面临绝境的生死关头还在考虑无辜者的安危，这是何等高尚的仁义之师呀！

遗憾的是，当他们冲出“中山寮”，逃进附近的狮子森山后，遭到2万多日本军警的包围和残酷镇压，不少人被折磨致死。共有419人惨死东瀛。

这一惨案的发生震惊日本，距离日本战败投降仅有1个半月，可见当时中国劳工的处境简直是生不如死，难以令人想象。毅然参与暴动的中国劳工，用自己的鲜血和生命，谱写了一曲威武不屈、可歌可泣的反帝抗暴壮歌！他们无愧于中华民族抗日英烈的称号！

1945年日本投降后，从1953年7月至1964年11月，在日本友人和旅日华侨的帮助下，在日本各地的中国劳工遗骨被收集保存起来，分九批送回中国。运送首批551名中国劳工骨灰的船只“黑潮丸”，是1953年7月2日从日本神户港出发，7月7日抵达中国天津塘沽港的。

当天，中国红十字会负责人廖承志（1908–1983）亲自到塘沽港出席迎接抗日烈士遗骨仪式。他在致辞中说：“这些抗日烈士是中华民族的优秀儿女。他们为了争取中华民族的解放，为了维护正义与和平，曾英勇地反抗了日本军国主义者的野蛮侵略，不幸他们有的在战争中被日本帝国主义俘虏抓去当劳工。他们在日本军国主义分子惨无人道的百般折磨下，被杀害了。……今天我们可以向死难在日本的抗日烈士们告慰：我们的祖国在伟大的中国共产党和毛泽东主席领导下已经战胜了日本帝国主义，在中华人民共和国成立以来，我们的祖国已经走上独立、民主、和平、繁荣、富强的大道。”

廖承志还特别表示：“我们坚信日本爱好和平的人民，一定能够粉碎复活日本军国主义的阴谋，在保卫东方和全世界的和平斗争中，发挥他们的力量。……在我们迎接抗日烈士遗骨抵返祖国的时候，我们向留日华侨以及日本爱好和平的团体和人士致谢。他们在反对吉田政府的阻挠，争取烈士遗骨送回中国的斗争中，出了很大的力量。”

廖承志的话一点不假。参加今年9月1日“花冈暴动纪念园”开园仪式的日本友人中有一位当事人——町田忠昭先生（1928–）。他出生在日本长野县，现年87岁。战后初期他在早稻田大学读书期间，参与过营救日本反战同盟领导人鹿地亘，并在其夫人池田幸子影响下投身日中友好事业。1953年，他最早参加发掘、送还花冈中国劳工遗骨的活动。第一次从日本花冈，经东京、舞鹤，到神户，他全程护送。同年6月的一天，当他和池田幸子等人得知日方要用货车运送花冈殉难者遗骨时，十分气愤，坚决反对。为要求使用客车，他们在东京站铁轨上发起静坐，与旅日华侨同唱《义勇军进行曲》。最后终于克服重重困难，亲手把中国劳工骨灰一箱箱搬到"黑潮丸"船上。从那时起，他觉得自己替花冈遇难者遗属完成了一个心愿。这颗跳动的心从此永远和中国人民连在了一起。几十年来，他一直在为敦促鹿岛公司道歉、赔偿，为中国劳工及遗属讨公道而坚持斗争。

如果我们家中有年近90岁高龄的耄耋老人，有谁舍得让他乘飞机出国呢？然而，在纪念抗战胜利70周年前夕，这位町田老人却靠每周打扫两次公园的微薄收入自费乘飞机漂洋过海来到天津烈士陵园，出席"花冈暴动纪念园"开园仪式，凭吊花冈先烈。

尽管他已满头白发，但一提起花冈暴动仍精神矍铄，好像又回到自己的年轻时代。当他看到"花冈暴动纪念园"大型浮雕群像采用的是日本反映花冈暴动的版画时，十分激动。他回忆说，战后初期，和鲁迅交往密切的鹿地亘从中国回到日本后告诉他们，木刻版画在中国抗战中发挥了重要作用，建议通过版画纪念花冈暴动。于是，他们就出版了一系列反映花冈暴动的版画连环画，使更多的人了解这一件事。没想到，这些日本的版画又成为天津烈士陵园中"花冈暴动纪念园"雕像的雏形。笔者深感，中日两国爱好和平人民的心总是相通的。

岁月荏苒，花冈暴动距今已过去70个寒暑。1963年，在日本花冈町十瀬野公园墓地高高耸立起"中国殉难烈士慰灵之碑"。如今，在天津烈士陵园，由日本前首相村山富市题写的"花冈暴动纪念园"的石碑也已落成。它们将跨越时空，把这段不堪回首又发人深省的历史永久记录下来，不断唤起并激励中日两国人民和他们的子孙后代珍爱和平、捍卫和平，避免历史悲剧重演！

当伴随着这部画册出生的孩子到而立之年时，将正值中国抗战胜利和花冈暴动100周年暨"花冈暴动纪念园"开园30周年。衷心希望，届时他们能替我们，再为花冈暴动的先烈们敬献上缅怀的花圈！

花冈啊花冈，永不能忘！

2015年10月5日于北京

序三

历史的课题

花冈和平友好基金运营委员会委员长
日本一桥大学名誉教授　田中宏

提起70年，仿佛是一个很长的岁月，但如今回首往事，一幕幕浮现眼前，却觉得并非如此漫长。关于花冈诉讼，经东京高等法院达成和解是“15年前”的2000年11月的事情。是中国人战后补偿裁判史上的第一例。但是，和解成立仅仅是事业的开始，怎样推进花冈基金的事业，也没有先例。

和解是基于“27年前”的1989年12月，花冈受难者联谊会向鹿岛建设提出的“3项要求”，简言之就是：“公开谢罪”、“为教育后世，在中日双方建立纪念馆”、“赔偿每位受难者500万日元”。在“和解条款”中，虽没有写入如何建立纪念馆的具体的措施，但其成为无论如何也必须实现的课题而一直没有变化。

日本方面，“13年前”在花冈当地成立了“NPO花冈和平纪念会”，发起募捐，终于在“5年前”的2010年4月“花冈平和纪念馆”迎来了开馆。中国方面，几经周折在天津市政府的协助下，2015年9月1日，终于在天津市烈士陵园中建成“花冈暴动纪念园”并举行了开园仪式。和解成立已经经过15年的今天，“中日双方建立纪念馆”这一27年前提出的要求，终得以实现。

如果按照年表记述的话，“52年前”的1963年11月，在花冈当地建立了“中国殉难烈士慰灵之碑”；北海道的雪地里刘连仁先生被发现是“57年前”的1958年

2月，当时我还是大学生。还有，中国人殉难者遗骨第一次送回故国中国是在“62年前”的1953年。

这样写下来看的话，我们会发现这70年间是由各种各样从未停止的活动积累而来的。而且，1972年9月日中关系正常化，那是“43年前”的事情。这70年间如何面对历史遗留问题，从中应该学习什么、在今后如何发挥其作用，这些课题尚未终结吧。

《花冈事件70年》一书也是为此而出版的珍贵的纪录。

2015年10月于东京

序四

民族尊严不可辱

——继承花冈暴动精神坚持斗争

中华海外联谊会理事
旅日华侨中日交流促进会秘书长 林伯耀

“花冈暴动”是一批遭到非人待遇的中国人，为维护民族的尊严和做人的尊严而发起的英勇而决死的抗暴斗争。这一暴动发生在日本国内，是一次自我截断退路，破釜沉舟不考虑生存可能的自杀性斗争。他们事先约定，严禁暴动中侵扰日本百姓，让两个日本好心的监工逃跑，并决定一旦暴动失败则投海共死。从这里，我们看到了不畏强暴、不甘屈辱、拒绝当奴隶、奋不顾身勇往直前的我们中华前辈的民族气节，也看到了中国人民的崇高品德和人性。

参加这次暴动的中国人，政治身份、家庭出身、历史经历各有不同。其中，有国民党军官、共产党地下干部、八路军战士、抗日游击队的俘虏，还有伪军士兵、农民、工人、教师、学生和商人等。鹿岛组的残暴是面向所有的中国人。当眼睁睁地看着自己的同胞一个个倒下去时，所有的花冈中山寮集中营的中国人终于感到了民族危机。于是，不论其政治身份、家庭出身如何，便都团结一致参加到了这场决死的暴动中。

这是一场由无名英雄发起的反帝抗暴斗争！

通过“花冈暴动”，我们深切地感受到：

民族的气节，是如此了不起！

民族的尊严，是如此可贵！

民族的团结，是如此伟大！

同时，我们从中也得到了深刻的历史教训：

国家落后，就要受外国的欺辱！

民族不团结，就要挨外国的毒打！

人们没有爱国心，就要遭受外国的蹂躏！

因此，（1）我们不要忘记这一段民族和国家的耻辱历史；（2）不要忘记为了中华民族的解放和独立而英勇牺牲的中华先烈；（3）要学习他们的民族气节和前赴后继的精神，培养和增强民族自尊心和民族自豪感，千万不要损害民族和国家的信誉。只有这样，中华民族才能获得世界人民的信赖和尊敬。

2000年11月，经过长期的，艰苦的斗争，我们最后争取了"花冈和解"。"花冈和解"是中国对日民间索赔运动的里程碑。

由于从1989年起在中国发起的花冈事件索赔运动是作为对日民间索赔运动的第一次尝试，因此，难免遇到许多意想不到的困难。但在社会各界的广泛同情和支持下，克服了一个又一个困难。这场斗争，使其他众多中国人战争受害者觉醒，为他们的斗争起到了极大的启发与推动作用。同时，它也对日本人民起到很大的教育作用。"花冈和解"是中日两国人民长期携手斗争的成果。这是运动的突破口，是阶段性的胜利，而不是最后的胜利。 花冈事件索赔运动的最后胜利，就是被掳往日本的4万名中国受害者的问题得到全部解决的时候。鉴于当今日本社会的右倾化与反动化，我们应当具有把视线放在今后的二十年、三十年、或是半个世纪，乃至整整一个世纪的战略眼光。

斗争是一步一步前进的。通过"花冈和解"，（1）让加害企业承认了历史事实和谢罪了；（2）我们谋求了包括遗属在内的986名受害者的全盘解决；（3）让包括日本保守派在内的整个日本社会公认了强掳中国人的历史事实。和解的意义是重大而深远的。

在分析和评价"花冈和解"中，必须做到：（1）顾全大局；（2）区别主与次；（3）从理性与现实出发；（4）不能仅从主观愿望、狭隘的民族感情、空想主义、理想主义出发，要从长远的角度考虑问题。

考虑到日本司法似是而非的独立性，我们对日本国内诉讼斗争的前途仍不能持乐观态度。德国发生的战争受害者战后要求赔偿运动和在美国及加拿大进行的对日侨在战争期间强制关押的要求赔偿运动的诉讼斗争，虽然最后都以失败而告终，但我们有必要学习它们最终获得政治上的胜利这一过程。国际上有过的先进的运动经验，在我们思考今后的运动方向上，给予了很好的启示。被强掳到日本135个工地的4万名中国人中，有6800名因遭受日本军国主义者的残酷虐待和非人道的待遇，惨死在异国他乡。不知有多少人家破人亡、妻离子散，被夺去了最宝贵的青春年华。战后，幸存者们依然摆脱不掉被屈辱，被涂炭的痛苦，侵略者给他们造成的身心创伤至今还在流血，还在疼痛着。

尽管人的尊严被严重践踏的日子已经过去了70年，但是，牺牲的同胞们的冤魂至今仍在日本的上空游荡，让他们永不瞑目。因为直到如今，伤害他们的日本政府和大部分的企业不仅没有向受害者谢罪，而且费尽心机妄想抵赖事实。这是死者的恨，生者的耻。我作为一个中国人，作为一个人感到无比耻辱。

历史的事实是任何人也篡改不了的。日本政府和加害企业必须深刻反省，向中国人受难者谢罪赔偿。否则，日本军国主义所欠下的中国人民的血债将永远存在。

死难的人不能再生，留下的生者要替他们鸣冤叫屈，声张正义。为了恢复失去的民族尊严和做人的尊严，不让无数同胞的血白流，我们呼吁所有的国内外同胞，团结一致，用人类的睿智，追究日本政府和加害企业的历史罪行，以讨回历史之公道和正义。

花冈受难者联谊会是第二次世界大战中被日本强掳的4万名中国受难者中的一支先锋队组织。他们是花冈暴动精神的继承者。他们永久的课题是：1）承担作为4万名中国受难者所蒙受的痛苦、悲哀、愤怒的见证人和代言人，并且，为了不让历史的悲剧重演，必须不断的向日本及中国社会鸣响警钟。2）为此，必须加强团结，教育后人，培养接班人，同国内外同胞及富有良知的日本人民、世界人民团结协作，无论经过多少世代，一定要取得最终的胜利，让日本政府谢罪赔偿。只有对历史进行正确的清算，才能加深中日两国间的信赖及友好，才能推进人类的进步。

我们这一代所有的中国人，应该继承和发扬中华民族的爱国主义传统，要上对得起先人，下对得起后人，千万不能给后世留下一笔糊涂之帐，留下历史的遗恨。

2016年5月 于日本神户

前言

关于“花冈事件”

日本强掳中国人

第二次世界大战期间，日本军国主义为实现其称霸亚洲、称雄世界的野心，对中国和其他亚洲国家发动了大规模的侵略战争，其中尤以中国受战争之害最为严重。日本侵略者极力推行“三光政策”，其所到之处，不仅疯狂地掠夺中国的物产资源，而且通过种种残酷、卑鄙的手段，疯狂地掠夺中国的劳动力资源，大肆强掳中国抗日军民和无辜百姓为日本充当劳工，从事无偿的劳役，施以非人的待遇，造成众多中国人的死亡和残疾，给无数个中国家庭带来了巨大的灾难。

1931 年，日本发动“九一八事变”，侵占中国东北三省，建立了伪满洲国。1937 年 7 月 7 日，发动“卢沟桥事变”，开始了向中国的全面进攻。依据“以战养战”的日本战时基本国策，为了大量掠夺中国的资产和劳动力，为其侵略战争服务，日军于 1938 年 6 月在北平成立了新民会劳工协会，在青岛成立了山东劳务福利局，在济南成立了山东劳务公司等半官半民的搜刮劳工的机关。1939 年 2 月，日军又在青岛成立了大陆华工公司。1941 年 7 月，日本侵略者将上述机关合为一体，组成华北劳工协会，并在北平、塘沽、石门（今石家庄）、太原、济南和青岛等地分别设立战俘劳工集中营，关押了众多的抗日军民和无辜群众。日本侵占东北后，仅从华北强掳到东北的劳工就高达 800 万人，在煤矿、港湾及军事工程等地从事苦役。

随着战争的升级，日本国内劳动力出现严重不足。为解决这一矛盾，日本政府先后颁布了1938年3月的《国家总动员法》、1939年4月的《防止从业人员移动令》和7月的《国民征用令》等多种法令。但是，由于对中国大陆派兵的不断增加和国内军工生产的日益扩大，国内劳动力不足的状况愈加严重。

1941年12月，太平洋战争爆发，更多的日本青壮年投入侵略战争，国内劳动力更加枯竭。因此，1942年11月27日，日本东条英机内阁通过了《关于向国内移进华人劳工事项的决定》，指出“鉴于内地（指日本国内）劳动供需关系日益紧张，尤其是重体力劳动部门劳力显著不足的状况，根据下述要领，将华人劳工移进内地，以便使其参与大东亚共荣圈的建设”。根据日本东条内阁的旨意，侵华日军从1943年3月至11月，将1411名中国人先行“试验性的移入”日本，从事重体力劳动。经过一年的试行之后，1944年2月28日，日本次官会议又作出《关于促进华人劳工移进国内事项的决定》的执行细则。列入《1944年度国民动用计划》中的中国劳工人数为3万名，从此正式开始实施无代价地大量抓捕中国人到日本从事重体力劳动的计划。这样，从1943年3月开始，到1945年5月止，共强行移进169批、38935名中国劳工到日本国。其中华北劳工协会34717人，华北运输公司1061人，华中劳工协会1455人，南京伪国民政府机关682人，伪满福昌华工公司1020人。（以上是日本官方统计）

根据1990年12月20日出版的，由日本田中宏等人编著的《强掳中国人的记录》一书记载，“实际被赶上船运往日本的中国人由于饥饿、疾病和迫害，乘船劫运前已死亡2823人，强掳中国人实际应为41758人。

抓捕中国劳工到日本本土是在日本驻华日军和汪伪国民党卖国政府及华北政务委员会指导下，由劳力统制机关（如华北劳工协会）负责组织实施的。被掳往日本的中国劳工大致有如下情形：

1. 中国劳工的成分及来源。被抓到日本的中国劳工从组织成分来看：一是爱国抗日的中国军队的指战员；二是没有暴露身份的共产党抗日救亡干部；三是贫苦的农民、工商业者、教师和青年学生；四是失去日军信任或拟投八路军的原亲日伪军，这是极少数。从地域上来看，华北为35778人，占赴日劳工的90%以上；华中为2137人；伪满统治区为1020人。

2. 中国劳工被强制输出的分类：一是行政供出。即日军通过日伪政权和劳工协会逐级下达指标，强制其提供劳工。二是训练生。即日军在作战“扫荡”中捕俘的中国士兵以及采用“猎兔法作战”抓捕的平民百姓以八路军的名义送进集中营训练后送往日本。三是“自由”征募。主要是指华中地区，采取诱骗的方法招募工人，说“自由”并没有自由，和其他劳工一样。四是特殊提供。对具有装卸、木工等技术的现职工人，根据紧急需要强募输入。

3. 中国劳工在日本各地的分布：从中国抓捕的战俘劳工运抵日本后，分配到日本各地的 35 家企业的 135 个作业场。这些作业场从北方到南方，遍布日本本土各地。

花冈惨案

位于日本秋田县北部的花冈，是当时强制中国劳工的日本 35 家企业的 135 个作业场中的一个。

1944年7月，被日军强行抓捕的300名战俘、农民一道，经过七天七夜的海上漂泊，首批押往花冈铜矿，被迫为“鹿岛组”（今鹿岛建设公司）做苦工。

之后，又有 1945 年 4 月的第二批 600 人，1945 年 5 月的第三批 100 人被押赴花冈中山寮集中营。这样，俘虏和被抓的三批共计 1000 名中国人，除中途逃跑和被迫害致死的，押上货船的有 986 人，实际到达中山寮的为 979 人。

当年的花冈中山寮，被中国劳工称作“人间地狱”。中国劳工在当时的“鹿岛组”的监督下从事修建暗渠和修改河道的苦役。劳工们住在用木片搭起的工棚里，每天做15至16小时的超强度劳动，以橡子面、苹果渣充饥。严冬时节，劳工们仍身着单衣，足穿草鞋，劳动于严寒和冰冷的泥水之中。严重的饥饿劳累，加上凶恶残暴的“鹿岛组”监工们的打骂摧残，每天都有多名劳工被殴打、虐杀致死，仅半年时间，就有 200 多人被迫害送命。忍无可忍的中国人决心以死反抗。

1945 年 6 月 30 日晚，仇恨难抑的近 700 名中国劳工终于暴动。劳工们打死监工，逃往中山寮附近的狮子森山。一场远离中国本土的大暴动震惊了日本朝野，警方出动两万军警围捕枪杀。翌日，余生的中国劳工全部被俘，暴动惨遭镇压。重落日寇魔掌的中国劳工遭到更为残酷的变本加厉的迫害。酷暑 7 月，中国劳工被捆绑双手，跪在铺着石子的共乐馆广场上，三天三夜不给吃喝，日晒雨淋，侮辱毒打。几天过后，广场上尸体遍地，其惨状目不忍睹。此乃闻名于世的“花冈惨案”，又称“花冈事件”。被强掳花冈的 979 名中国劳工，共计 419 人命丧东瀛。

1948年3月，联合国远东国际军事法庭横滨BC级军事法庭（第八军法会议），以杀害虐待俘虏对“鹿岛组”的4名监工以及2名警察判处死刑或20年徒刑（后均被释放）。日本有关当局和负有直接残害中国人罪行的鹿岛建设公司，公然违反国际公约，强掳中国劳工并犯下虐待、杀害俘虏的罪行，终以国际军事法庭的判决为标志，永远地被钉在了历史的耻辱柱上。但是，遗憾的是，鹿岛组的干部和日本政府的责任都没有得到追究。

正义之声

战后，由于历史的原因，国内花冈劳工幸存者之间失去来往，又与日本信息不通，“花冈事件”似不再被人提起。然而在日本，由于爱国华侨、有识之士和日本爱好和平人士的不懈努力，“花冈事件”纪念活动一年也没有停止过。花冈町并入大馆市后，花冈当地政府和市民坚持每年为死难中国劳工举行“慰灵仪式”和不同形式的纪念活动。

1985年，日本首相以官方名义参拜靖国神社，引起亚太地区各国和日本有识之士的关注。以日本爱知县立大学教授田中宏先生、律师新美隆先生为首的各界人士，于1988年成立了“强掳中国人思考会”，并会同神户“旅日华侨中日交流促进会”秘书长林伯耀先生等，着手进行关于战后遗留问题的研究，为妥善解决日本强掳中国劳工问题做了大量工作。

松泽哲成及日本的有正义感的专家及有识之士多次远赴美国，查找二战档案，从中搜寻关于“花冈事件”的珍贵史料。

林伯耀先生数十次频繁往来于日中之间，亲自组织寻找幸存者，调查掌握了大量“花冈事件”的第一手资料。

具有强烈正义感的日本律师新美隆先生，铁肩担道义，同他的律师团一道，以正义的法律之剑，力为中国老人讨回历史的公道………

1989年12月22日，“花冈惨案”幸存者聚集北京，成立了“花冈受难者联谊会”，并发表了致当年残酷地奴役过他们的鹿岛建设公司的公开信。信中向鹿岛建设公司提出三项要求：一、向“花冈惨案”罹难者遗属和幸存者谢罪；二、分别在日本大馆市（当年的花冈町）和北京建立具有一定规模的花冈烈士纪念馆以教育下一代；三、向“花冈事件”受难者986人每人赔偿500万日元，以资象征性地补偿我受难者肉体与精神上所遭受的苦难、创伤和牺牲。幸存的老人们表示，如鹿岛建设公司“执迷不悟”，纵使千载之后，他们的子孙也要继续讨还“血债”。幸存者们提出了三项要求，委托新美隆、内田雅敏、田中宏、内海爱子、林伯耀等在日人士与鹿岛建设公司进行交涉。

1990年7月5日，在东京鹿岛建设公司本部，“花冈惨案”幸存者及遗属代表与鹿岛建设公司副社长村上光春，就谢罪与赔偿问题进行当面交涉。谈判结束后，发表了共同声明。鹿岛建设公司承认对“花冈惨案”负有“企业责任”，并表示了“谢罪之意”，对于赔偿，鹿岛建设公司只是承认双方之间存在“必须通过对话努力进行解决的问题”，表示待以后协商解决。

这纯粹是敷衍搪塞，一拖就是6年，再无任何结果。

艰难的诉讼

1995年6月28日，11位“花冈惨案”幸存者及死难者遗属代表组成原告团，正式向东京地方法院递交了一份长达308页的起诉书，状告鹿岛建设公司残酷虐待加害我中国劳工的罪行，并提出给予民间赔偿的正当要求。东京地方法院受理此案后，于1995年12月20日首次开庭审理。

“花冈暴动”是二战期间唯一的发生在异国的暴动，“花冈事件”也是日本强掳中国人事件中在战争犯罪法庭作出历史性判决的案件之一，“花冈事件”诉讼案又是中国公民首次向日本法院控告二次大战中负有罪责的日本企业的首桩民间索赔案，因而备受中日及世界各国的关注。新华社、中国中央电视台“新闻联播”、“焦点访谈”、“时空报道”、“东方之子”等栏目相继连续报道，海外新闻媒体也纷纷作了大量详尽的报道。

然而，一次次地开庭，一次次地叫人失望，一次次地令人遗憾！

让我们从开庭时间上看：

1995年12月20日，第一次开庭，开庭时间120分钟；

1996年2月19日，第二次开庭，开庭时间40分钟；

1996年5月13日，第三次开庭，开庭时间仅30分钟；

1996年7月8日，第四次开庭，开庭时间约30分钟；

1996年9月30日，第五次开庭，开庭时间约30分钟；

1996年11月25日，第六次开庭，开庭时间约30分钟；

1997年2月3日，当第七次开庭后仅15分钟，园部秀穗裁判长突然宣布，终止审理此案，然后拂袖而去，使在场的人无不为之震惊。

这就是东京地方法院对一桩重大国际性历史惨案的全部审理。纵跨3个年头的“马拉松”式审理，总共7次开庭而累计不足5个小时。

此后，原告团、律师团及日本各界友好人士，纷纷抗议法庭的非法结审行为，并一再要求重新开庭并公正审理此案，但东京地方法院始终不予理睬。

无理判决

1997年12月6日，原告团代表耿谆、张肇国、孟繁武、赵满山一行抵达东京，参加东京地方法院将于12月10日对“花冈事件”诉讼案的最后判决。

12月10日下午2时30分，按照法庭的指定，原告团的4位老人在新美隆、内田雅敏、清井礼司等8名原告律师的陪同下，经由侧边门进入103号法庭。这是东京地方法院最大的法庭，百十座位的旁听席远远满足不了要求，法庭外边的走廊上，挤满了来自日本各地的华侨和关心本诉讼的人们。

下午3时，民事13部裁判长园部秀穗和另外两名法官进入法庭。

紧接着，园部宣读判决结果。仅仅不到10秒钟的时间，他即闪电般地判决完毕。坐在原告席上的老人们尚没有反应过来怎么回事，身边的翻译也没有来得及把意思讲给原告听，已见园部裁判长匆匆推开身后的大门，逃也似的离开了法庭。旋即，法庭淹没在一片混乱的气氛中，抗议声、怒骂声此起彼伏。

东京地方法院的判决是：一、驳回原告一切请求；二、诉讼费用由原告负担；三、原告的再上诉，附加期为60天。

中国原告败诉！

在10日下午4时举行的新闻发布会上，耿谆高举书写着“东京法院失公道，战犯鹿岛罪不容”的标语，严厉谴责鹿岛建设公司拒不承认历史罪恶和东京地方法院亵渎法律的卑鄙行径，老人们愤怒地表示，这一判决有失公道，拒绝接受并将继续上诉，直至讨回历史公道。

他们说：这是日本法庭制造的第二起“花冈惨案”。

东京地方法院对“花冈事件”诉讼案的非法判决，在中国，在日本，在世界许多国家引起强烈反响，纷纷对其颠倒法律黑白的判决给予批判和抨击。

1997 年 12 月 12 日，“花冈惨案”的幸存原告和原告律师团一道，再度向东京高等法院上诉。

同日，东京高等法院受理此案。

达成和解

1998 年 7 月 15 日，东京高等法院正式开庭，审理原告们的申诉。

此后，东京高等法院相继 6 次开庭，进行了原、被告双方及其代理人之间的法庭口头辩论。

1999 年 9 月 10 日，东京高等法院第 17 民事部提出“职权和解劝告”。

经过当事双方代理人之间的 20 次协商，2000 年 11 月 29 日，“花冈事件诉讼”最终达成和解。依和解书条款，鹿岛建设公司一次性支付 5 亿日元，设立“花冈和平友好基金”，用于对 986 名受难者的赔偿、慰灵，遗属的自立、护理以及后代的教育等。

达成和解的意义在于：1、成为受害中国劳工讨回历史公道斗争的一个突破口；2、成为解决日本政府强掳中国劳工问题的阶段性胜利的标志；3、成为花冈和解之后解决诸如西松和解等的重要参照。

大阪 · 花冈对日本政府诉讼

2015 年 6 月 26 日上午，大阪、花冈两地的 13 名中国劳工受害幸存者及其遗属在日本大阪地方法院递交诉状，状告日本二战期间强掳中国劳工的罪行，向日本政府提起国家赔偿诉讼。

起诉书提出以下五点要求：1、被告向每位原告支付 550 万日元以及诉状送达第二天起到支付完毕期间的年利息 5 分；2、被告对每位原告交付另纸一的谢罪文；3、被告对每位原告在日本的《每日新闻》、《产经新闻》、《读卖新闻》、《朝日新闻》以及《日本经济新闻》上按另纸四的条件刊登另纸二的谢罪公告；4、被告对每位原告在中国的《人民日报》、《中国青年报》、《南方日报》、《光明日报》以及《文汇报》上刊登另纸三的谢罪公告；5、诉讼费用由被告负担。

作为此次向日本政府诉讼的重要目的之一，在要求适当赔偿金的同时，要求日本政府对过去的罪责进行深刻反省，对原告方进行真诚的公开谢罪。要求的谢罪文内容如下所示：

“向被强掳奴役的中国受害者及其遗属真诚谢罪”

“战争时期被强掳到日本作业场从事奴役劳动的原告李铁垂先生、张广勋先生，被强掳奴役后死亡的受害者遗属宋明远先生以及其他原告们，由于给你们造成了身体上，精神上的极大痛苦和经济上的损害，日本国在此谨表示真诚的谢罪。

并且，日本国的谢罪为时过晚，因此，这一谢罪不能完全消除你们的痛苦，不能完全缓解你们的愤怒。对此日本国也表示衷心的谢罪。

在侵华战争时期，日本国为了弥补劳动力的严重不足，强掳近 4 万名中国人到日本，并押送到 35 家企业的 135 个作业场从事苦役劳动。在当时的日本政府的鼓励之下，日本企业残酷奴役中国人，致使 6830 余名中国人被残害身亡，使许许多多的家庭妻离子散，家破人亡。

并且，在接受波茨坦宣言以后直到现在，日本国也始终没有采取任何妥善的措施挽回中国人蒙受的损害，甚至辩解称被强掳奴役的受害者是“合同工”，好像你们自愿来日本打工。这严重损害了受害者的名誉。

因此，日本国对受害者及其遗属造成了身体上，精神上的极大痛苦和经济上的损害。受害者及遗属因强掳奴役而蒙受了深重的痛苦与损害，对此，日本国作为加害国，应该承担历史、社会、道义、法律上的责任，向所有的受害者及遗属真诚谢罪，并对殉难的中国人表示诚挚的哀悼。

“前事不忘，后事之师”。日本国坦诚地承认中国受害者的人权被侵害的这一历史事实，并表示深刻反省。为了绝不重蹈覆辙，日本国将这一历史事实传给后代，并以实际行动维护和促进中日友好。

日本国内阁总理大臣　〇〇〇〇

〇〇年〇〇月〇〇日

天津“花冈暴动纪念园”开园

2015 年 9 月 1 日，值中国人民抗日战争暨世界反法西斯战争胜利 70 周年，位于天津烈士陵园的“花冈暴动纪念园”正式开园，成为我国第一个被掳劳工专题纪念园，它将作为一个爱国主义教育基地，弘扬以花冈暴动为典型代表的中华民族敢于抗争、不甘屈辱的精神。

“花冈暴动纪念园”占地约2200平方米，内设主题雕塑墙，展现了劳工被强掳、苦役，组织暴动，回国以及遗骨送还、花冈事件和解的全过程，该浮雕高3米多，长约28米，其上镌刻着被强掳到花冈的劳工名单。

另外，同样位于天津烈士陵园的“在日殉难烈士·劳工纪念馆”经整新后也于当日开馆。该馆建筑面积1352平方米，是全国唯一存放在日殉难烈士劳工骨灰的纪念馆。该馆分为两层，一层为骨灰馆，存放着2316盒在日殉难劳工骨灰；二层为展馆，展出《东瀛血泪—中国劳工在日本》。自2006年8月18日展出至今，先后有30万人次来馆参观。此次改陈后，展览共分六大部分，分别为：地狱之行、身陷囹圄、宁死不屈、回归祖国、寻求正义、还我公道。

历史的昭示

中国和日本，隔海相望，一衣带水。

古老先进的中华文明，随着中日两国2000多年的文化交流，源源给日本岛国以莫大的恩泽。

然而，作为日本，又对给它以莫大恩泽的中国邻邦以怎样的回报呢？

一百多年来，日本曾十几次对中国发动侵略战争，掠夺强占、奸淫烧杀，无所不用其极，给几代中国人的心头永远留下了痛苦的回忆——

1874年，日本侵略台湾，强迫中国赔偿白银50万两；

1894～1895年，甲午战争，日本逼迫清朝签订《马关条约》，割占了中国领土台湾和澎湖列岛，强迫中国赔偿白银2.3亿两（相当于当时日本国4年的国库总收入）；

1900年，日本参加八国联军侵华，占领中国首都北京，再次强迫中国赔偿5000万日元（合白银3479万两）；

1928年，日本在中国东北策划“皇姑屯事件”，并出兵侵占济南，屠杀中国军民5000多人，酿成了震惊中外的济南“五三惨案”；

1931年9月18日，日本制造“柳条湖事件”，发动大规模侵华战争，占领整个东北；

1937年7月7日，日本制造“卢沟桥事变”，日军从华北、华东两个方向推进，

侵华日军屠杀中国同胞。
——新华通讯社藏片

1937年8月23日，日军在上海虐杀中国同胞。（此照片为日本人所摄。照片上印有“不许可”三个大字，是当年日本新闻审查当局不准公开发表此照片而盖的印章，后仍然被公诸于世。）

实施全面侵华战争；

1937年年底，侵华日军攻占南京后，进行了长达三个月的血腥大屠杀，被杀人数达30万人以上，写下“现代文明史上最黑暗的一页”！

历次侵华战争，日军杀人放火，奸淫掳掠，中国人民生命财产蒙受的巨大损失，更是无以数计。

据统计，从1931年九一八事变至1945年8月15日日本宣布无条件投降，日本在长达14年的侵华战争中，造成中国军民伤亡3500余万人，经济损失5000亿美元，数以百万计的妇女惨遭兽性蹂躏。

此外，日本侵略军还大量强掳中国劳工，对他们施以非人的摧残和虐杀，其疯狂残忍令人发指。统计资料表明，在抗战14年中，日本征掳中国劳工总数超过1000万人，其中，仅被掳往东北的劳工就高达800多万人，虐待致死者达200万人；近4万名中国人被抓到日本做劳工，有7000多人的尸骨抛留异国他乡，给千万个中国家庭带来了巨大的不幸和灾难。

而今，作为发动侵略战争的战败国，日本对于自己的历史和罪行应当给包括日本人民在内的全世界爱好和平的人民一个合理、满意的悔过和交待。

前事不忘，后事之师！

血腥的回忆昭示我们，残酷的现实昭示我们：

历史不能忘记！

日本强掳中国劳工真相

为了支撑太平洋战争，解决国内劳动力严重不足问题，日本东条内阁于1942年11月27日作出《关于向国内移进华人劳工事项的决定》。在此之前，日本土木建筑业界、矿厂业界、港湾业界陆续向政府提出请求书以要求输入中国劳工。1939年，

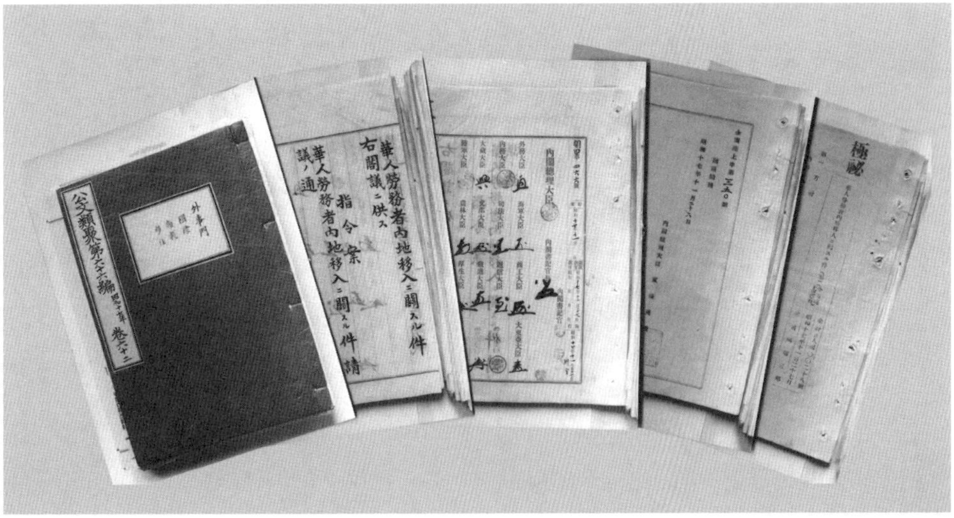

1942年11月27日，日本内阁会议通过的《关于向国内移进华人劳工事项的决定》。
——美国国立公文书馆藏

北海道土木工业联合会外地劳动者移入组合代表地崎宇三郎（地崎组社长）在给政府的请求书上说："日本国内劳动力不足已经成为严重问题，必须从中国大陆输入低廉的'支那劳工'，以根本解决现在的劳动力不足问题，否则，我们企业界将面临重大危机。请政府方面给予考虑。"1944 年 2 月 28 日，日本次官会议又作出《关于促进华人劳工移进国内事项的决定》。会后日本从中国华北、华中和东北地区 10 多个省、市，将被俘的中国士兵和强征的劳苦大众，劫运到日本国内服劳役。这些劳工在日本国内各企业单位和宪兵、警察的统治下，受尽折磨和摧残，许多人被虐待虐杀。

据中国人殉难者名薄共同编制会执行委员会《关于劫掳中国人事件报告书》（以下简称委员会《报告书》）记载，按照日本内阁会议和政府次官会议所确定的方针，日本侵略者仅从 1943 年 4 月至 1945 年 5 月，就从中国各地掳掠劳工 169 批，共 41758 人。由于饥饿、疾病和迫害，乘船前死亡 2823 人，实际被赶上船运往日本的是 38935 人。这些人，有 90% 是被抓捕的劳苦群众和中国军队的被俘人员。他们当中大多数是 20 ~ 49 岁的青年和壮年。15 岁以下的童工有 157 人。60 岁以上的老

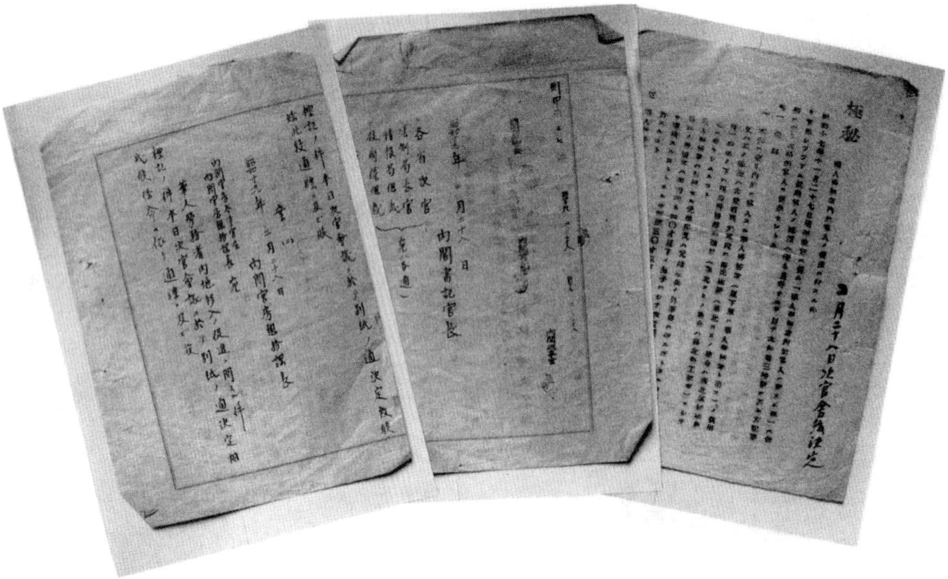

1944 年 2 月 28 日，日本次官会议作出的《关于促进华人劳工移进国内事项的决定》。
——美国国立公文书馆藏

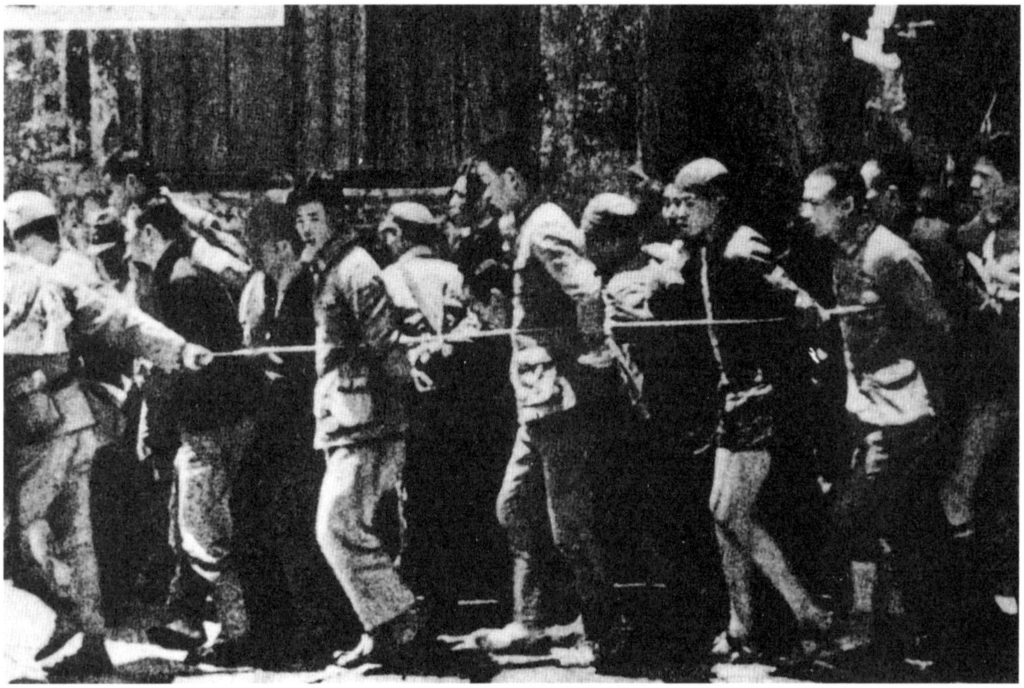

日军围捕强抓中国劳工。

日军在山东济南抓捕输送中国劳工。
照片由华北交通株式会社东京调查室摄。
——京都大学人文科学研究所藏

日军在山东青岛抓捕输送中国劳工。
照片由华北交通株式会社东京调查室摄。
——京都大学人文科学研究所藏

人有 248 人，其中 70 岁以上的还有 12 人。

在被运往日本内地的途中，中国劳工的遭遇是很悲惨的。委员会《报告书》在“劫持时死亡情况”一事中写道，从乘船到抵达企业单位，这个阶段共死亡 822 人，其中船上死亡 584 人，上岸后至企业单位途中又死亡 230 人，失踪 8 人。

除途中被虐待死亡者外，实际运到日本各地的中国劳工是 38117 人。他们被强迫分到 135 处企业单位服劳役。其中土木建筑业为最多，共 63 处，15018 人，包括修建发电所、飞机场以及铁道、港湾建设和地下工程等；采煤、冶炼业居次，共 47 处，15816 人，包括煤炭、水银、铜铁和其他矿石采掘与冶炼；还有造船业 4 处，1210 人。港湾运输业 21 处，6073 人。

为了加强对中国劳工的法西斯统治，日本军国主义者建立了内务省——警察机构——企业单位管理中国劳工体制，拟订了各种压榨中国劳工的手段和措施。中国劳工抵达各企业单位后，即在日本宪兵、警察和企业单位管理人员的刺刀与皮鞭下生活。

围捕。

他们处在严密的监管下，不能外出。他们没有衣服，多用水泥袋蔽身，即使在大雪纷飞的严冬，仍然赤着脚干活；一餐只有一个糠窝窝头，饿了只好吃草根，啃树皮。病了不管，还要干活，每天劳动9 ~ 13个小时，多则超过15个小时，稍有不慎即遭鞭抽棍打。在如此残酷的虐待下，被劫到各企业的38117名中国劳工，又被折磨死了5999人，其中有2282人是到各作业场三个月以内被残害死的。据日本外务省《报告书》载称：从乘船以来各企业单位共死亡中国劳工6830人，占乘船总数38935人的17.5%，平均每五个半人中就有一人被夺去了生命。如果再加上负伤的（6975人）和残废的（467人），那么就中国劳工的伤亡率而言，在10%以上的有57个单位，其中10% ~ 29%的43个，30% ~ 52%的14个。在这14个单位中，共有中国劳工6640名，占总人数的18.4%，死亡2483名，却占总死亡数的36.31%，还有负伤的426人。如鹿岛花冈、川口芦别、空知天盐、日矿峰之泽、日铁釜石、古川足尾和战线仁科等单位，死亡率均在40%以上，其中战线仁科死亡率最高，200人就死亡了104人，高达52%。

委员会《报告书》分析了中国劳工死亡的原因：一是疾病，二是事故，三是杀害。《报告书》援引外务省《报告书》列举的疾病死亡数字6234人以后指出，所谓大量病死，实际上是对大量摧残和虐杀的隐瞒。如川口组室兰共有969名中国劳工，死去310名，原因全部是患病死亡。但事实是，不少人是被虐杀或活埋的。这一点可以从1954年室兰市民对遗体发掘的结果得到证明。在这次发掘出的200余具中国劳工遗骨中，发现许多弹孔和裂口的头盖骨，或怀疑是活埋的。日本企业当局只顾压榨中国劳工，不管矿井和工地安全，是造成伤亡事故严重的重要因素。这一点即使从外务省《报告书》经过粉饰的统计数字中，也能看出来。在135个使用中国劳工的企业单位中，重伤1433名，轻伤5330名，死亡332名，残废130名，合计伤亡7230人，占中国劳工总数的18.6%。死亡的再一个重要原因就是日本当局对中国劳工的直接屠杀。

关于日本当局直接屠杀中国劳工的例子是很多的。委员会《报告书》举出若干警察逮捕和虐杀中国劳工的情况，说明日本人的直接屠杀不是个别的。《报告书》揭露，日本警察署仅在16个企业单位就逮捕中国劳工116名，其中死亡和失踪79人，占68.1%。《报告书》在列举上述事实以后指出："这些事例只不过是警察逮捕的全体人员中的一部分。"除关在广岛、长崎监狱的安野、鹿町和崎户的38人是因原子弹爆炸而死亡外，其他"无疑几乎都是在警察所或刑务所中被杀害的"。

日本强掳中国劳工135个作业场全国分布图（死亡人数/强掳劳工人数）

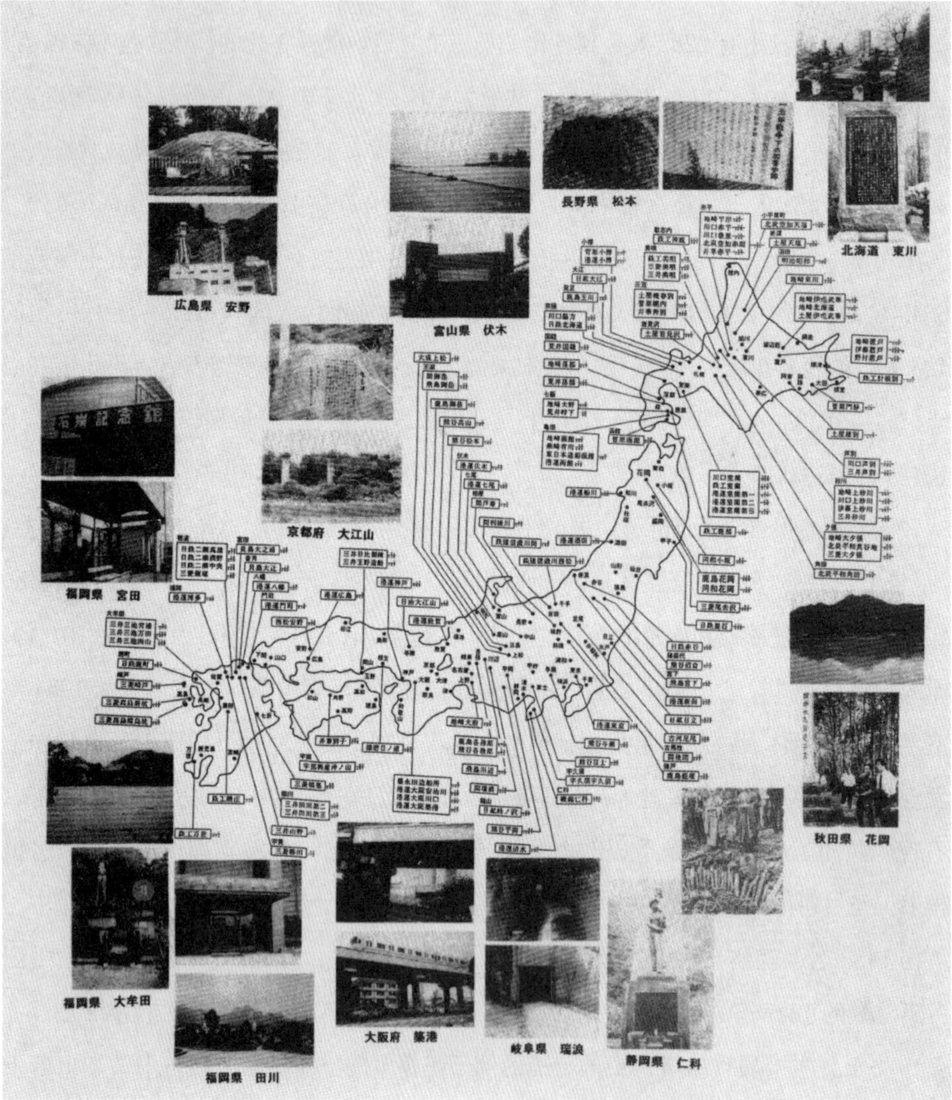

图中鹿岛花冈，即为135个作业场中的一个。花冈町（即今日的大馆市），位于日本秋田县。“花冈暴动”就是在这里发生的。
——日本强掳中国人思考会提供

加害者证录

原侵华日军　小岛隆男

小岛隆男，日本埼玉县人，原侵华日军机关枪组小队长，战后在押于中国抚顺战犯管理所，1956年释放回国。“中国归还者联络会”会员。出于对其参加侵华战争罪行的反省，后半生致力于日中和平友好事业，也是“花冈事件”诉讼案声援活动的积极参与者和支持者。

“我当时是机关枪组的小队长，见到一个村庄就往里面扫射，把民众赶到村落中央。抓劳工的时候用了大量兵力，形成一个半径16公里、直径32公里，相当于从东京到横滨这么大范围的包围圈，在这个范围内，上方用飞机统一协调指挥，组成了一个严密的包围圈，如果发现走动的中国人就把他们抓起来，交给宪兵队，在那儿挑选身强力壮的运到日本去。”

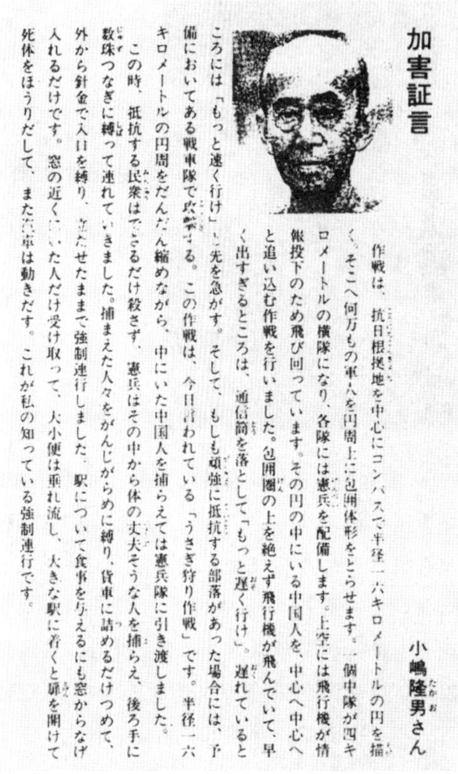

加害証言

小嶋隆男さん

作戦は、抗日根拠地を中心にコンパスで半径一六キロメートルの円を描く。そこへ何万もの軍人を円周上に包囲体形をとらせます。一個中隊が四キロメートルの横隊になり、各隊には憲兵を配備します。上空には飛行機が情報投下のため飛び回っています。その円の中にいる中国人を、中心へ中心へと追い込む作戦を行いました。包囲圏の上を絶えず飛行機が飛んでいて、早く出すぎるところは、通信筒を落として「もっと遅く行け」。遅れているところには「もっと速く行け」と先を急がす。そして、もしも頑強に抵抗する部落があった場合には、予備においてある戦車隊で攻撃する。この作戦は、今日言われている「うさぎ狩り作戦」です。半径一六キロメートルの円周をだんだん縮めながら、中にいた中国人を捕らえては憲兵隊に引き渡しました。

この時、抵抗する民衆はできるだけ殺さず、憲兵はその中から体の丈夫そうな人を捕らえ、後ろ手に数珠つなぎに縛って連れていきました。捕まえた人々をがんじがらめに縛り、貨車に詰めるだけつめて、外から針金で入口を縛り、立たせたままで強制連行しました。駅について食事を与えるにも窓からなげ入れるだけです。窓の近くにいた人だけ受け取って、大小便は垂れ流し、大きな駅に着くと扉を開けて死体をほうりだして、また汽車は動きだす。これが私の知っている強制連行です。

小岛隆男在抗议鹿岛建设公司的集会上作演讲报告。

受害者证录

花冈劳工幸存者　耿谆

耿谆，1915年生，河南省襄城县人。1932年入伍，历任文书上士、营部副官、上尉军械员、连长等职。1943年年底率连驻防洛阳。1944年在洛阳保卫战中被日军俘虏，时为国民党第十五军六十四师一九一团二营五连连长。

“1944年春，我在国民党第十五军任上尉连长时，驻守洛阳，我团布防西工一带，我连在西下池构筑阵地。5月间，日寇以重兵进攻洛阳，由龙门一线向西下池攻击。战斗一开始，敌人就用重火器，以5辆坦克车进行猛烈攻击，企图迅速摧毁我阵地。是日自拂晓起至下午5时，双方炮火一直未停，我在中午身负重伤（弹片炸伤）。当天下午5时许，我军向邙山岭转移阵地，我营奉命掩护全师撤退。延至6时后，我连始奉命撤出阵地。是日我连战士，伤亡40多人，因紧急撤退，无法掩埋，以致暴尸战场，视之酸心。我因流血过多，晕倒途中，送入战地医疗站。

不久，我军一部撤入城内（包括我团）。此时我伤除腿部尚未痊愈，身体已恢复健康，遂奉命回连参加战斗。时我连主要任务是防守洛阳东关一座铁路小桥。我到连队的次日拂晓前，突遭敌人猛烈攻击，阵地被敌摧毁，我亦腹部受重伤，被敌俘虏。

是日炮火极为激烈，我阵地又不时遭空袭，伤亡惨重，我方虽有空军助战，而不能与陆地协调配合，以致全局失利，使洛阳沦为敌手。

日寇将我被俘官兵，统统集中于西工营房，而且用汽车陆续运走。我等一起被送到石家庄战俘营，最后将我等千余人，用火车送入北平清华园战俘营。

约在农历七月初，敌人把我战俘身体健壮者，挑出300人，由北平上火车，送到青岛海岸。当天傍晚，将我300名战俘驱上轮船，送往日本。”

北平西苑兵营战俘收容所墙外的堀沟。
——何天羲研究室摄影

北平西苑兵营战俘收容所南大门。
——张子峰：《侵华日军战犯手记文档揭秘》

日军设立的北平西苑兵营战俘收容所遗址。　何天羲研究室摄影

受害者证录

花冈劳工幸存者　王敏

王敏，1919年生，河北省深泽县人，1939年加入中国共产党。1944年的农历四月，在当地甄家庄执行抗日任务时被捕，化名张开化。

"我被捆绑到无极县城日本宪兵队，敌人搜去了我身上的抗日宣传品，虽经木棍毒打和电刑拷问，我一直没有承认自己的真实身份。敌人从我身上一无所获，便以八路军嫌疑定罪，押送到石门一个兵营，后经北平、青岛，于1944年7月28日被押离祖国，到达日本花冈中山寮，开始了一年多的战俘劳工生活。"

济南新华院外围水沟中栽着许多木桩、树杈，防止劳工逃跑。

日本"信浓丸"号货船
首批赴花冈中国劳工乘该船抵日本。
——刘宝辰：《花冈暴动》

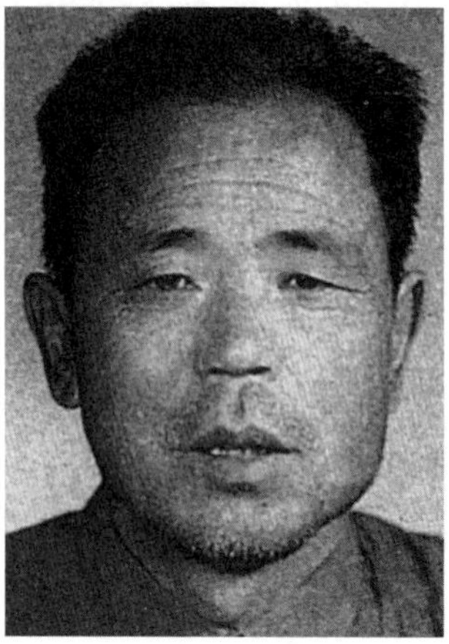

受害者证录

花冈劳工幸存者　李绍海

李绍海，生于1922年，山东省新泰县人。被捕时又名李朝中。

“1945年春节那天的拂晓，日本久井部队突袭新泰县，我不幸被捕。敌人对我严刑拷打，后捆绑押到大协据点火车站，又转移到华丰煤矿赤柴据点。在一个雨夜，日寇把我们26人押上火车，后在青岛大港一所院子里关押20多天，又被押送到码头，约600人装在一艘货船上，送往日本。3月26日，来到花冈中山寮。”

青岛大港火车站。当年抓送中国劳工的中转站。

关押过中国劳工的青岛市体育场。
——上羽修：《中国人强制连行轨迹》

受害者证录

花冈劳工幸存者　孟连祺

孟连祺，1926年生，河北省定兴县人，现在家务农。被俘前系晋察冀边区老一团一营三连连队通讯员。

“1944年初春，我们团100多人被日军围困在狼牙山（河北省易县境内）附近的一个小山上。我们排30多人的子弹、手榴弹全部打完了，大部分人壮烈牺牲，剩下我们4人受伤被俘。

我是因臂部负伤被俘的。日本人把我先后押送到保定石门北平，最后又乘火车去青岛上船，送到日本国的花冈中山寮，吃尽了人间苦，受尽了人间罪。日本鬼子给我们肉体上和心灵上带来的伤害是永远诉说不完的。”

石门劳工训练所的日本职员藏本厚德（右，日本冈山人）与同僚在华北劳工协会事务所前（1944年）。
——上羽修：《中国人强制连行轨迹》

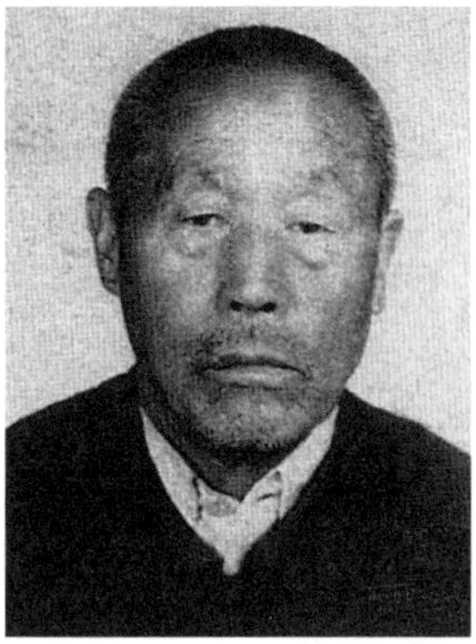

受害者证录

花冈劳工幸存者　赵满山

赵满山，生于1926年，河北省保定市郊区人。

“1944年3月15日，我父亲赵有义骑自行车去保定城里卖完报纸，回家路过保定火车站南边铁路桥时，被日本宪兵抓住，押送石门南兵营。4月22日清晨，我正睡觉时，日本宪兵砸开我家屋门，将我押走，押到石门南兵营，在那里我们父子二人见了面，又被一块儿押往北平，经青岛，押解到日本花冈做劳工。第二年我父亲被迫害致死。”

中国劳工被押往日本时的青岛码头。

一〇、劳働者团体输送斡旋申込書（一九四四・一〇・二七）

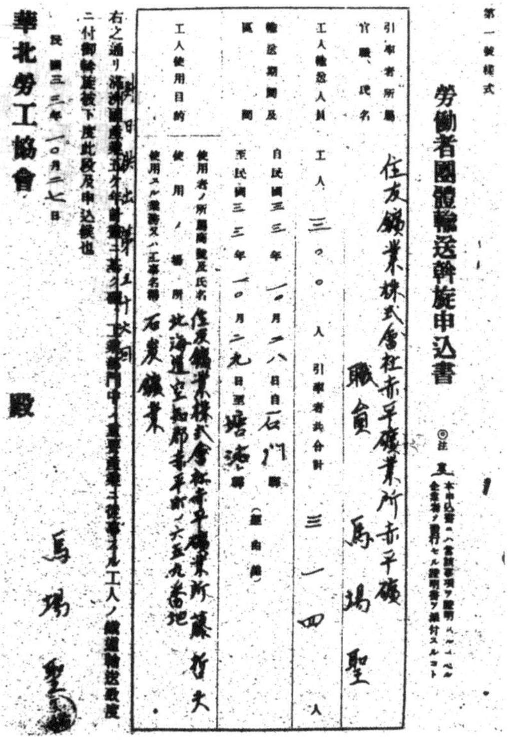

第一號樣式

勞働者團體輸送斡旋申込書

引率者所屬 住友鑛業株式會社赤平礦業所赤平礦

官職、氏名 職員 馬場聖

工人輸送人員 工人 三〇〇人 引率者共合計 三一四人

輸送期間及區間 自民國三三年一〇月二八日自石門縣 至民國三三年一〇月二九日至塘沽縣（經由線）

工人使用目的 使用者ノ所屬商號及氏名 住友鑛業株式會社赤平礦業所 藤哲夫

使用ノ場所 北海道空知郡赤平町ノ六五九番地

使用スル業務又ハ工事名稱 石炭鑛業

右之通り[illegible]工人ノ鐵道輸送致度ニ付御斡旋被下度此段及申込候也

民國三三年一〇月二七日

華北勞工協會 殿

馬場聖

《劳动者团体输送斡旋申込书》。
——《中国人强制连行・暗闇的记录》

一一、第五六回对日供出劳工引渡書（一九四四・一〇・二八）

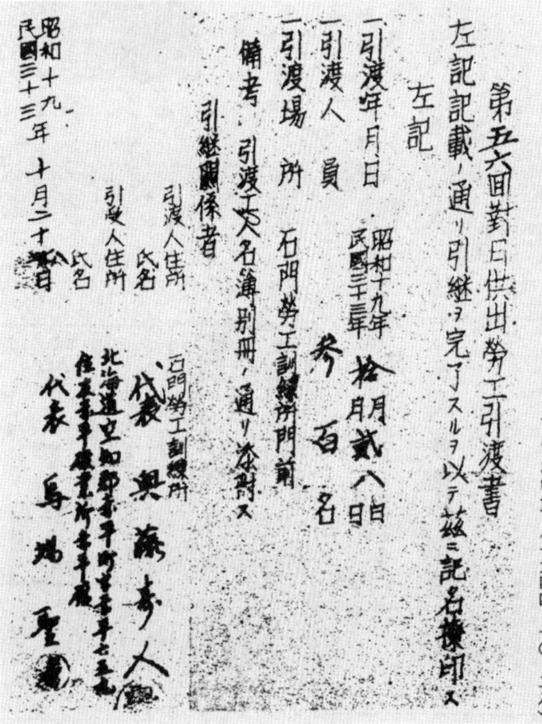

第五六回對日供出勞工引渡書

左記記載ノ通リ引継ヲ完了スルヲ以テ茲ニ記名捺印ス

左記

一引渡年月日 昭和十九年 民國三十三年 拾月貳八日

一引渡人員 参百名

一引渡場所 石門勞工訓練所門前

備考 引渡工人名簿別冊ノ通リ添附ス

引継關係者

引渡人住所 石門勞工訓練所

氏名 代表 [illegible]藤壽人

引受人住所 北海道空知郡赤平町字赤平七五五 住友赤平礦業所赤平礦

氏名 代表 馬場聖

昭和十九年 民國三十三年 十月二十八日

《对日供出劳工引渡书》。
——《中国人强制连行・暗闇的记录》

日本政府、军部和企业强掳、使用华工关系图

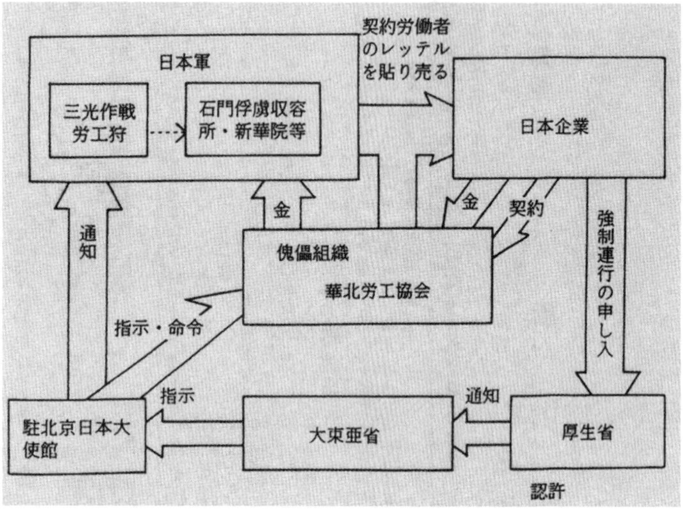

向日本提供劳工的契约书中规定：每输送一名劳工，付给提供劳工者275元钱。

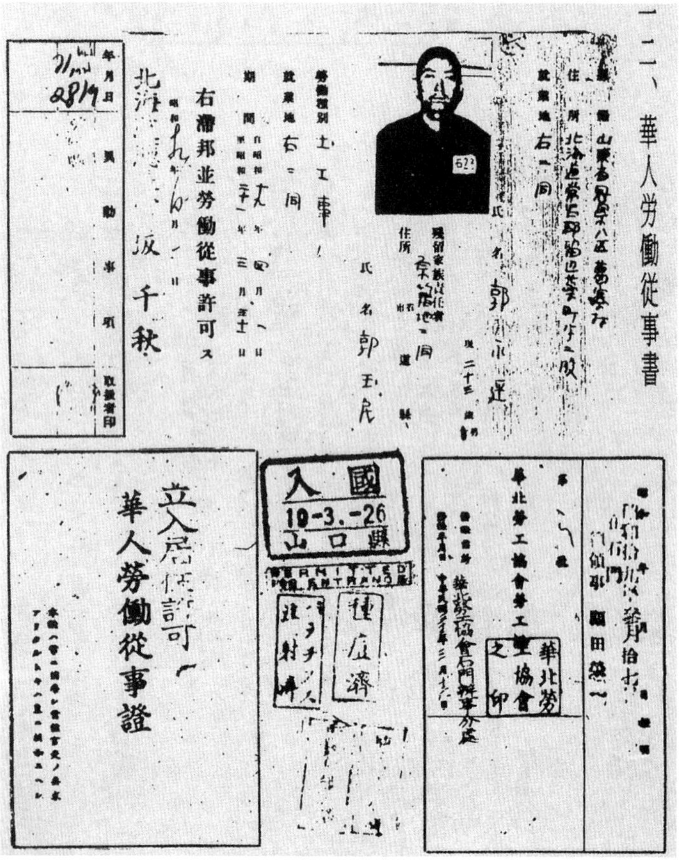

为输入日本的中国劳工办理的“华人劳动从事书”。
——《中国人强制连行·暗闇的记录》

鹿岛建设与强掳中国劳工

一、战争期间鹿岛的经营

1940 年 12 月 7 日，内阁决议的“经济新体制纲要”规定，“在防止损害国民经济秩序的投机利润及垄断利润发生的同时，肯定适当的企业利润，特别是对增强国家生产做出贡献的企业，承认它们利润的增加”。所谓战时体制统制经济下的企业营利性，只要与国家生产扩大一致，实际上是受到保护奖励的。鹿岛正是这方面的好典型。1938 年 7 月，好似要和国家总动员法的实施步调一致似的，守之助由副社长就任社长，成为战时企业营利性的具体体现者。在政府通过“物动计划”把握生产力本身，调动军需物资用于完成战争这点上，政府（军队）在成为最大的消费者的同时，对于企业来说，也是直接的最大的顾客。政府早已从在一般产业政策上对企业进行指导的间接关系，发展成与企业一体的交易关系甚至是协同关系。

鹿岛建设的企业经营，实际上早就和日本侵华并为战争服务而密不可分。

1931 年九一八事变后，鹿岛即直入伪满洲国，承接了兴宁线等铁路工程。1932 年又开始从事国道和铁路的特命工事的建设工程。之后，又大量从事与关东军密切相关的兵营、兵器厂军事工程，以及用于关东军特别大演习的特殊工事等。至 1937 年七七事变后，为更紧密地服务于日本侵华和对中国物产资源的掠夺，鹿岛建设的重点放在修筑铁路和特殊工事方面，主要的如这个时期的承古线、通临线、同塘线、张北线，还有以掠夺煤炭资源为主要目的的大同矿山开发等等。而同塘线（大同塘沽）的开通可以把大同的煤炭源源由此运往日本。

基于建立在这种经营方针和营利认识上的鹿岛，选定军需相关产业作为自己的发展道路，一扫直到1936年度末为止的经营不振状态，取得了飞跃的发展。

鹿岛守之助就任社长时，鹿岛主要负责人如下：

董事长　鹿岛清一、社长　鹿岛守之助、常务董事　鹿岛新吉

鹿岛在日本土木建筑行业是屈指可数的代表性公司，在土木建筑团体中一直发挥着主要的作用，这一点在战时情况下，随着鹿岛守之助的登场更加得到强化。鹿岛守之助在1942年6月至1943年9月担任大政翼赞会调查局局长就是其中表现之一。在促使政府实现对中国劳工的强掳过程中，他发挥了重要作用。而其他有关的土建行业团体（日本土木建筑业组合联合会、日本土木建筑工业联合会、土木工业会、日本土木建筑统制组合、战时建设团），也扮演了某种主要的角色。另外，在1941年由陆军工程相关者组织的“军建协力会”，1942年设立的海军相关的“海军设施协力会”中，鹿岛起到怎样重要的作用，只要看一下它施工的工程就可以很清楚。政府在内阁会议上做出实施强掳中国劳工的决定时，鹿岛守之助身为大政翼赞会的调查局局长，与决定正式强掳劳工的次官会议几乎同时成立的日本土木建筑统制组合，鹿岛清一担任理事长。上面谈到的从酝酿直到强掳实施的全过程中政府与企业的关系，几乎不走样地反映在鹿岛身上。更何况鹿岛守之助原为外交官，不缺乏对国际法的认识。

创业于天保十一年（1840年），以拥有150年以上的历史为自豪的鹿岛建设，在自己浩瀚的社史之中，对强掳中国劳工之事，连一行文字的记载都没有留，而作业点报告上，竟编造了厚颜无耻的谎言。报告说，中国人每天或随时都可以随心所欲地去游泳，打棒球、乒乓球、摔跤，开运动会，观赏电影，听留声机，拉胡琴，吹笛子，以及传阅杂志。在“中山寮”中国劳工所受到的，却是名副其实的牛马不如的奴隶待遇。他们被鹿岛随心所欲地残酷虐待的历史真实，在横滨判决时已经得到澄清。

鹿岛建设公司创始人鹿岛守之助（1896—1975）
作为战时企业鹿岛组社长的鹿岛守之助，循于和政府、军队长期的勾结，在侵华战争中扮演了极不光彩的角色。

位于东京都港区元赤坂的鹿岛建设公司本部。

本社　東京市京橋區槇町二丁目三番地　電長(56)六二一一
支店　奉天市大和區彌生町三十三番地　電長三一四八〇四

土木建築請負業　株式會社鹿島組奉天支店

支店長　松井憲吾
支店土木部長　野村盛
支店建築部長　近藤伊三郎

新京出張所　新京特別市城後路二〇一番地
大連出張所　大連市二葉町一〇番地
四平街出張所　奉天省四平街市鐵道東北二馬路一二番地
壺盧島出張所　錦州省錦西縣壺盧島山城子
八道江出張所　通化省臨江縣八道江
臨江出張所　通化省臨江縣臨江中宮街八四號
大肚川出張所　間島省汪清縣春明村大肚川旭町
鷄西出張所　牡丹江省密山縣鷄西驛前
牡丹江出張所　牡丹江省牡丹江市昌德街三ノ六番地
金廠出張所　牡丹江省東寧縣金廠
海拉爾出張所　興安北省海拉爾東頭道街五〇番地

伪满时期鹿岛组在东北地区的工地分布。

伪满时期鹿岛组在东北修建的铁路。

鹿岛组在东北修筑的军事工事。

1931年9月18日柳条湖事件以来，军需产业对铜的需求不断扩大，到1937年7月7日卢沟桥事变后急剧膨胀，1937年为17.9万吨，1938年19.1万吨，1939年24.4万吨，呈直线上升状态。1940年开始，加拿大、美国、中南美洲渐次对日本实行铜的禁运，铜的生产调拨日益紧迫。由此可见，作为当时日本国内屈指可数的花冈铜矿在军需产业中的重要地位。

1941年12月8日亚洲太平洋战争爆发。1942年7月11日，商工大臣岸信介亲自到花冈矿山堂屋敷坑作鼓励增产的动员报告（如图），之后，政府制定并指示花冈矿山的大规模增产计划，于1944年付诸实施。

岸信介在花冈矿山生产场视察。

1957年4月，就任日本首相的岸信介（右）和就任国务大臣的鹿岛守之助在一起。作为战时企业鹿岛组社长的鹿岛守之助，循于和政府、军队长期的勾结，在侵华战争中扮演了极不光彩的角色。而他就任政府重要职务后，更加坚持其反华立场，对战后日本执政党反华政策施以很大影响。

1964年3月，在谈到关于中国在联合国的代表权问题时，鹿岛守之助在日本国会的发言中说："如果中共加入了（联合国），事态将变得极其复杂，在这种情况下最好是想法让中华民国留在联合国内。"

关于承认中华人民共和国的问题，鹿岛守之助曾提出四项前提条件，质问当时的总理大臣池田勇人。其中，"第二、尊重日华和平条约的问题"，"第三、放弃对日要求赔偿权问题"，不仅死抱着日台条约不放，反对中日恢复邦交，而且对在日本侵略战争中遭受巨大损害的中国人民要求赔偿权的问题上采取极端蔑视的态度。

战争养肥了鹿岛示意图：

年	従業員 人	資本金 万円	請負額 万円
1935	285	300	1,000
1936	298	250	1,000
1937	406	250	2,700
1938	497	250	4,700
1939	673	350	
1940	975	350	13,000
1941	1,523	550	19,700
1942		700	
1943		1,200	
1944		1,200	
1945		1,200	23,200

二、鹿岛强掳中国劳工概要

鹿岛组在次官会议做出决定之后，向花冈作业点以及其他四个作业点强掳了中国劳工。这些中国人都是鹿岛与华北劳工协会之间签订了协会“供出”、鹿岛“使用”的合同，由鹿岛强制抓到日本来的。

被强掳到花冈的中国人包括以下几批：

第一批　1944 年 5 月 8 日签约，合同数 300 人，其中 1 人在被押往上船地点的途中逃跑（生死不明）；船中 3 人死亡；在日本登陆后送到花冈之前死亡 2 人。当地集中营（中山寮）接受的人数为 294 人，于同年 8 月 8 日抵中山寮。

第二批　1945 年 4 月 15 日签约，合同数 600 人，其中到达乘船地点时减 1 人（估计为逃跑或死亡），乘船人数为 589 人。登陆后抵花冈之前死 2 人。当地接受的人数为 587 人。同年 5 月 5 日抵中山寮。

第三批　本来打算发往玉川营业所的 98 人（合同为 100 人，到达乘船地点时减少 2 人），登陆后改变配属地点，直接转到花冈营业所。当地接受人数为 98 人。1945 年 6 月 4 日抵中山寮。

被抓到花冈营业所的中国人乘船人数为 986 人，其中 419 人死亡。年龄最高的

67 岁，最低的 15 岁。

时至今日，作为加害者的鹿岛建设公司（原鹿岛组）一直声称其使用的中国劳工是与华北劳工协会有“契约”的“合同工”，并发给了合同“报酬”云云，妄图以使用劳工的合法化为自己的罪责开脱。

那么，真相又是怎样的呢?

据对“花冈事件”幸存者的调查，竟没有一个人知道所谓“契约”一说，也没有一个人知道自己什么时候当了“合同工”，更无从知道从鹿岛组那里得到了多少“报酬”。所谓“合同契约书”，实际上是“战俘、奴隶买卖契约书”。

作业点	工程内容	人员	死亡数
玉川营业所(北海道)	玉川矿业所附属选矿场	200	21
御岳作业场(长野县)	日本发送电发电所建设	702	47
各务原作业场(岐阜县)	东海军飞机掩体建设工程	374	3
薮冢营业所(群马县)	中岛飞机地下工厂建设工程	280	50
花冈营业所(秋田县)	花冈川大森川改修工程	986	419

作业点名、配置人员及死亡人数表。

鹿岛组花冈中国劳工出身地:

省名	人数
山东省	568
河北省	245
河南省	111
安徽省	25
江苏省	14
其他	23
合计	986

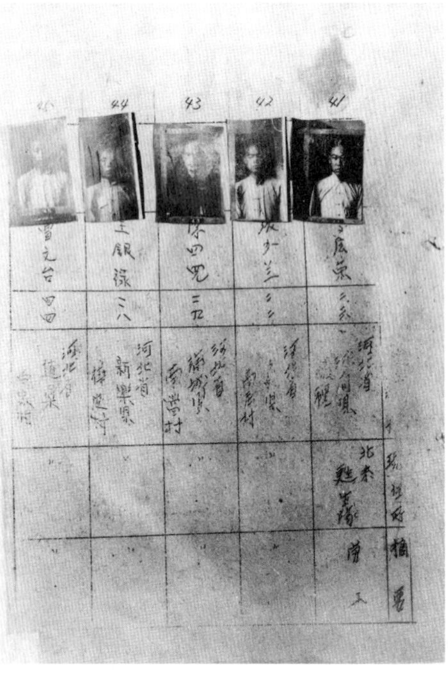

鹿岛组中国劳工名录表。
——美国国立公文书馆藏

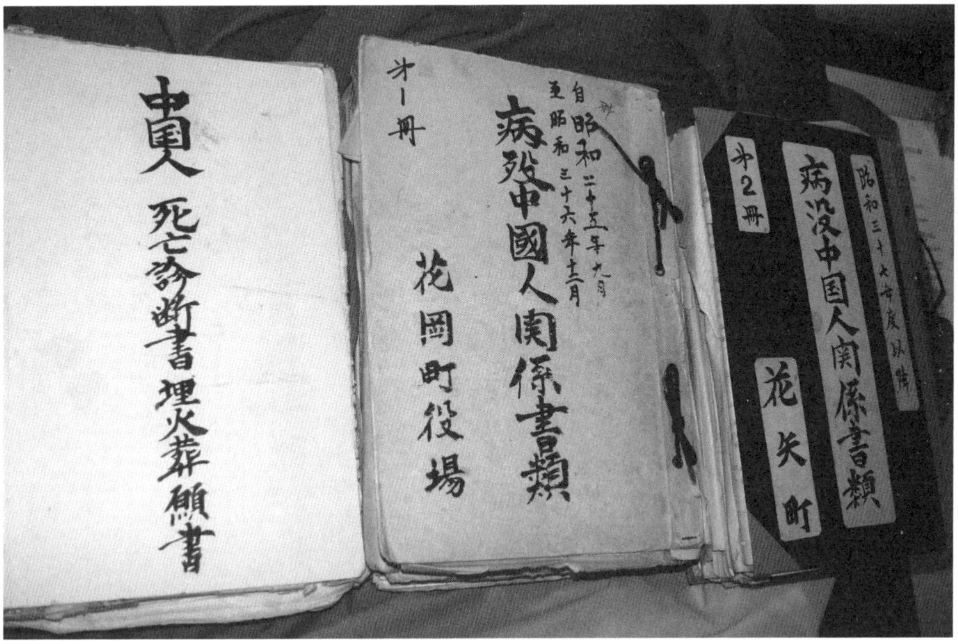

大馆市政府于2004年新近发现并提供的关于花冈事件殉难中国劳工的死亡名录和诊断书。

2004年7月2日，田中宏在大馆市役所向到访的花冈劳工遗属当面转交他们的父辈当年死于鹿岛组的死亡诊断书。

志村墨然人
1923年生
日本北海道人
1945年日本北海道鹿岛组发足玉川办事处职员
现住日本北海道札幌市

志村墨然人：

“我1945年5月到鹿岛公司，就是战时的鹿岛组就职。1945年6月到10月在鹿岛组北海道的玉川营业所当职员。1945年6月，第三批的花冈中国劳工同北海道玉川所的中国劳工一起乘船来日本，下船时，一部分本该去北海道的劳工去了花冈，本该去花冈的却来到了北海道。那时，玉川所关押中国劳工的地方叫泰山寮。原计划到玉川的中国劳工有200人，中途船上死了4人，6月5日到北海道，实际上是196人，第二天一早又死掉了一位。在玉川的中国劳工从事的是选矿作业，劳动强度非常大，但却没有受到人的待遇，吃的也很差，又受到数量限制，医疗也不好。另外，辅导员也经常毒打甚至吊起来拷问中国劳工，死了就用火烧掉。”

战后，志村对当年虐待中国劳工的行为进行了认真的反省。作为一个画家，他力求用画作，去真实地记录和表现当年鹿岛组虐待迫害中国劳工的罪行。他的这一系列画作共39幅，2004年6月，在日本秋田县大馆市展出了其中的9幅。志村以自己作为一个加害者的亲身经历，并结合自己的作品，向参观画展的数十位中国劳工幸存者和遗属如实介绍了当年鹿岛组犯下的罪行，表示坚决声援中国劳工追究鹿岛公司和日本政府战争责任的斗争。

2004年6月，在日本大馆市举办画展时，志村向参观的中国劳工幸存者和遗属讲解鹿岛组加害中国劳工的历史。

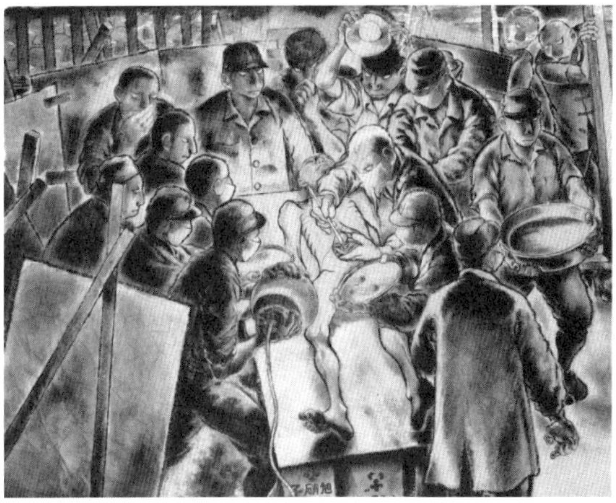

志村作品：《解剖图》。

志村作品：《病人小屋图》。

志村作品：《死者火葬图》。

志村墨然人在他的巨幅画作前讲述当年迫害中国劳工的历史。

小坂铁道。

大馆站旧址。

被抓中国劳工由青岛乘船，抵日本后从下关登陆，乘火车抵大馆火车站，再转火车到花冈站，下车后押至中山寮。

1942 年时的花冈町。

今日大馆市——当年花冈町，美丽的山城景色，掩饰得了70年前的那场血腥吗？

2013 年 9 月 18 日，东京华侨总会名誉会长陈焜旺捐献的日本强掳中国劳工档案在北京中国人民抗日战争纪念馆公开展示。

中国人民抗日战争纪念馆副馆长李宗远在日本强掳中国劳工档案公开展示新闻发布会上作关于日本强掳中国劳工问题的学术报告。

新京报

2013年9月19日 星期四 农历癸巳年八月十五 今日32版 零售1元 www.bjnews.com.cn

年内建2万套新型限价房

单价设上限，总价200万元以内；保障房轮候家庭有望优先购买 A05·重点

日强掳中国劳工罪证公布

昨日，劳工遗属张恩龙在介绍他爷爷当年的经历。当日，中国人民抗日战争纪念馆公布了日本强掳中国赴日劳工罪行档案。这些档案共120袋405份，日本实际强征中国劳工人数为41758人，乘船前死亡2823人，实际到达日本38935人。

新京报记者 浦峰 摄

新京报关于日本强掳中国劳工档案在北京中国人民抗日战争纪念馆公开展示及花冈事件受害者遗属张恩龙作证言报告的报道。

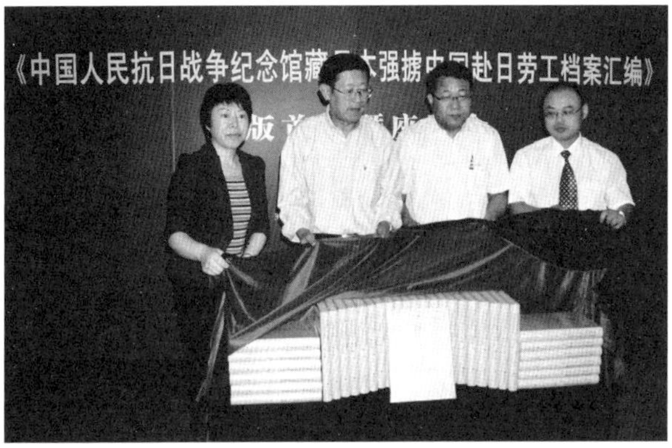

2014 年 9 月 18 日，日本强掳中国劳工档案公开出版，在北京中国人民抗日战争纪念馆举行了首发式。

“花冈暴动”始末

一、中山寮中国劳工的“人间地狱”

秋田县花冈町，位于大馆盆地北端，是以铜矿山为中心而形成的小镇。花冈矿山发现于19世纪末期，出产铜矿石。该矿山1915年移到藤田组（现同和矿业）的伞下。1941年12月8日，日军奇袭马来半岛和珍珠港，战争扩展为亚洲·太平洋战争后，花冈矿山在增产的名义下，1942年7月开始引入朝鲜劳工，随后发展到强掳中国劳工。

鹿岛花冈营业所承接了藤田组下的沉淀池、修坝和河川工程。1944年8月，第一批被抓的中国劳工到达花冈。当时的鹿岛组花冈营业所，包括女事务员在内，共有20名职员。

中山寮是鹿岛组为驱使强掳到花冈营业所的中国人从事奴隶性劳动而设置的收容集中营。中山寮在距花冈营业所1公里左右的远离人烟的山里，由5栋木房组成，其中辅导员事务所、值班室、炊事场、仓库1栋，作为中国劳工宿舍的3栋以及收容看护病号的1栋。

中国劳工从踏入中山寮的那一天起，便进入了“人间地狱”，每时每刻都受到鹿岛组的残酷虐待和迫害。

关于中国劳工在鹿岛花冈所处的境遇，仙台俘虏收容所（集中营）所长在写给俘虏情报局长的“花冈事件”原因报告中有如下的记载：

1.劳务过重。原本每天10个小时的作业时间，到了6月20日，号称全县一起突击作业，延长两个小时，变为12小时，而对此没有增加伙食。

2.粮食不足。尽管劳工粮食匮乏，食不果腹，但鹿岛组干部似有私吞一部分主食的迹象。

3.华人受的是牛马般的对待。作业中稍停一下，就要挨打，行进中稍慢一点，也得挨打，他们的生活是只得到极少量的粮食，而被要求做最重的劳动，天天遭受殴打，这么说并不为过。

上述文书在横滨法庭被检查当局作为证据采用。不隐藏对中国人的歧视观的身为俘虏集中营的所长，能够写出“华人受的是牛马般的对待”，可见中国人是被置于怎样一种残酷的非人状态。

中山寮的辅导员们，为了驱使中国劳工从事残酷的劳动，使用暴力手段成了家常便饭。辅导员们的手里总是拎着打人的木棒，殴打的理由有活干得慢了，点名答应慢了，生病干不动活了等，没有理由也打。挨不住饿跑到外面去找点吃的挨打，被视为逃跑则往死里打，中国劳工对有关辅导员们残忍的暴力虐待行为，以致有时竟找不到合适的语言来叙述。

中山寮集中营全景。
——美国国立公文书馆藏

中山寮劳工住的板房。
——美国国立公文书馆藏

中山寮劳工板房侧影。
——美国国立公文书馆藏

中山寮劳工集合和升旗的广场。
——美国国立公文书馆藏

中山寮劳工第一中队室内的样子。上下两层、鸡笼般地连成一片，便是劳工们的栖身之地了。
——美国国立公文书馆藏

战后，鹿岛建设公司为了消灭罪证，蓄意毁掉中山寮，建起了这座水库。然而，这分明是鹿岛建设公司的又一桩罪恶。碧波荡漾的湖光山色，永远淹没不了水下中山寮冤魂的愤怒呼喊。

鹿岛组花冈中山寮组织机构表

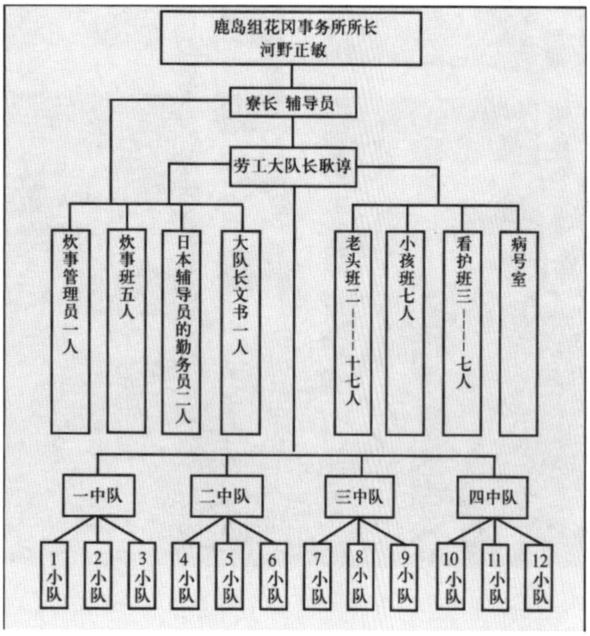

鹿岛组花冈事务所向外务省管理局提供的作业场报告书。
——东京华侨总会藏

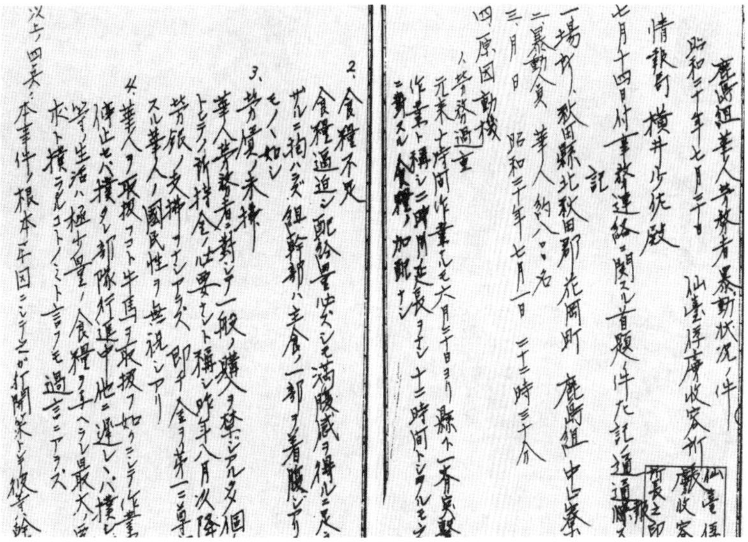
鹿島組華人労務者暴動状況ノ件
昭和二十年七月二十日 仙台俘虜収容所長
情報局 横井少佐殿
七月十四日付事務連絡ニ関スル首題ノ件左記ノ通通報ス
記
一、場所 秋田県北秋田郡花岡町 鹿島組中山寮
二、暴動人員 華人 約八〇〇名
三、月日 昭和二十年七月一日 二十二時三十分
四、原因動機
1、労務過重
元来十時間作業ナルモ六月二十日ヨリ縣下一斉突撃作業ト称シ二時間延長ヲナシ十二時間トシタルモ之ニ対スル食糧ノ加配ナシ
2、食糧不足
食糧逼迫シ配給量少ナシ満腹感ヲ得ルニ足ラザルニ拘ハラズ組幹部ハ主食ノ一部ヲ着服シアリ
モノノ如シ
3、労賃ノ未払
華人労務者ニ対シテ一般ノ購入ヲ禁ジアル為個人トシテノ所持金ノ必要ナシト称シ昨年八月以降労銀ノ支払ヲナシアラズ 即チ金ヲ第一ニ尊重スル華人ノ国民性ヲ無視シアリ
4、華人ヲ取扱フコト牛馬ヲ取扱フガ如クニシテ作業停止セバ殴打サレ部隊行進中他ニ遅レバ殴打サレ労ノ生活ハ極少量ノ食糧ヲ手ヘラシ最大ノ……ホト殴ラルルコトノミト言フモ過言ニアラズ
以上ノ四点ニ本事件ノ根本原因ニシテ之ガ打開策トシテ彼等給……

仙台俘虏收容所写给俘虏情报局长的报告书中关于花冈劳工生活状况的记述。
——《中国人强制连行·暗闇的记录》

花冈劳工幸存者耿谆回忆道：

严冬到了，冰天雪地，寒风刺骨，难友们仍身着单衣，赤脚穿着草鞋，整天泡在冰凉的污水之中。冻得实在难忍，大家就拣些水泥纸袋绑在身上御寒。但被日寇监工发现后，统统收回烧掉不准再用。这些监工们，都是侵华战场上受伤回国的日本官兵，几乎人人心狠手辣，我们随时会遭到日寇监工的毒打和凌辱。夜里就更难熬了，每人只盖一片破毯，冷得不能入睡，常常几个人背靠背坐着取暖，瞌睡极了就倒成一团。病号室里彻夜都有人哀叫：冷啊、冷啊。非人的折磨，使难友们越来越支持不住，仅半年时间就死去二百余人。难友们曾多次向日寇要求增加口粮、改善生活条件，但却一无所获。日寇总是阴沉沉地回答：“粮食的没有，你们大大的不好。”

1945 年 3 月以后，日寇为了赶任务，巧立名目叫做“突贯期间”，就是搞突击，每天要做 16 个小时的苦工。难友们稍有怠慢，就横遭日寇的拳打脚踢，在这种超强度的劳动下，饮食却更为恶劣。当初，每人每顿饭只能半饱，后来粮食又减，每天两顿改吃橡子面，此种面粉蒸成干粮，黑的像土，硬得像石头，吃后人人腹痛、泻肚，因此病倒者、死亡者日多，有时一日之内，竟有四五人死去。病室中常有上百人躺倒呻吟号饥。

同年 6 月中旬的一天，难友薛同道身体虚弱，收工时跟不上队，在路上拾一苹果核充饥，被监工看见，当场遭到拳打脚踢。晚饭后，日寇监工集合全体劳工，当众把薛同道推倒在地，几个监工凶神般一拥而上，拳打脚踢。一个叫小田的鬼子，手执牛鞭（公牛阳具）暴跳如雷地对着薛同道的头部、腰部乱抽。我们这位受尽了非人折磨的难友，在日寇的毒打下，几天之后便悲惨地死去了。日寇伊势竟凶狠地说：“死了死了的好！”

所用版画均采自日本滝平二郎、牧大介《花冈事件》。

1951 年，由新居广治原画，泷平二郎、牧大介木刻，濑部良夫配发诗文的《花冈事件》木刻连环画集出版。作品表现了日本人民对过去侵华战争的深刻反省和对中国人民的友好精神，以及对鲁迅的尊敬。

1951 年在日本出版的花冈惨案连环木刻画集，于 1957 年由北京的人民美术出版社翻译中文出版发行。

1957 年，花冈惨案受害幸存者翟树棠在国内首次出版的《花冈河的风暴》一书如实记录了花冈劳工们的悲惨生活。

“花冈惨案”受害者翟树棠的相关报导“日本人这样虐杀我们”于 1948 年（民国 37 年）5 月 15 日至 23 日在《中央日报》连载。这是中国媒体最早关于“花冈惨案”的报道。

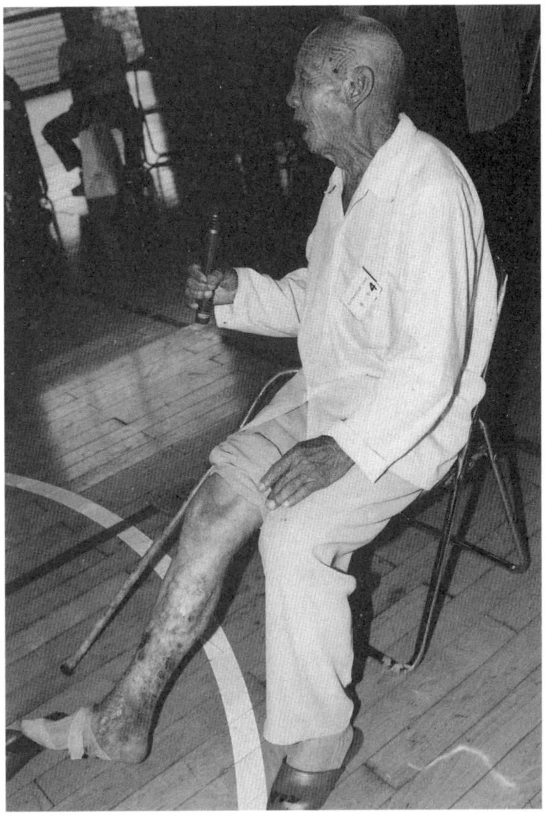

张二牛，1925年生，河北省宁晋县双井乡郝庄村人。

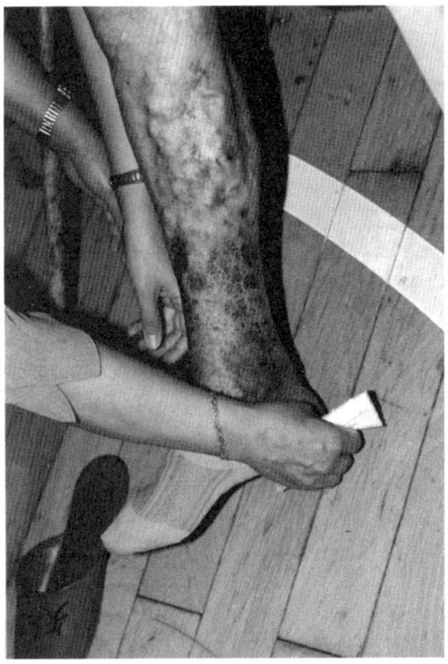

“花冈的冬季，冰天雪地，寒风刺骨，我们穿着单衣，赤脚穿着草鞋，整天泡在冰冷的河水中，双脚成了冰坨子，连知觉都没有。冻得实在忍不住了，大家就捡些水泥袋绑在身上御寒，但日寇监工发现了，就一律收回烧掉不能再用。我的腿就是这样冻坏的。”

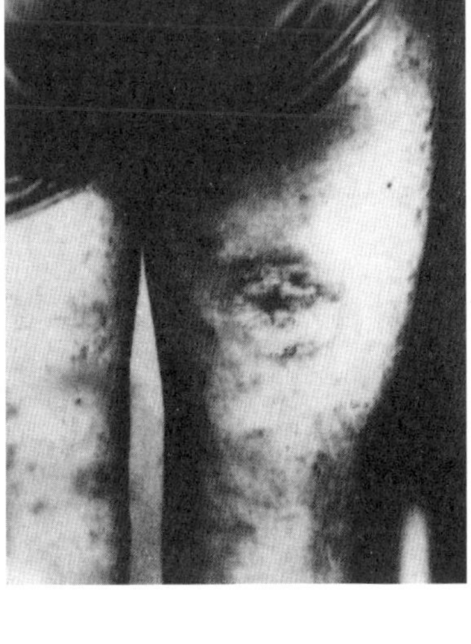

芦老永回忆说：

一天，我正从山坡上提着空草包往下走，听到惨叫声和骂人的声音，不由得转头看到，那倒在地上的难友，身子慢慢抖了抖，手脚变挺直了。清水又叫着在他身上打了几棍，踢了几脚。提着木棍的清水见他仍不动，骂着“巴格亚路，乌索，乌索！（混蛋，装死，装死！）弯下腰把他的头扭过来看了看，见他瞪着双眼，清水恶狠狠地说：死了的好！死了的好！命令两个人把尸体抬走了。

刘泽玉腿上的烙伤（摄于1945年）。
——刘宝辰《花冈暴动》

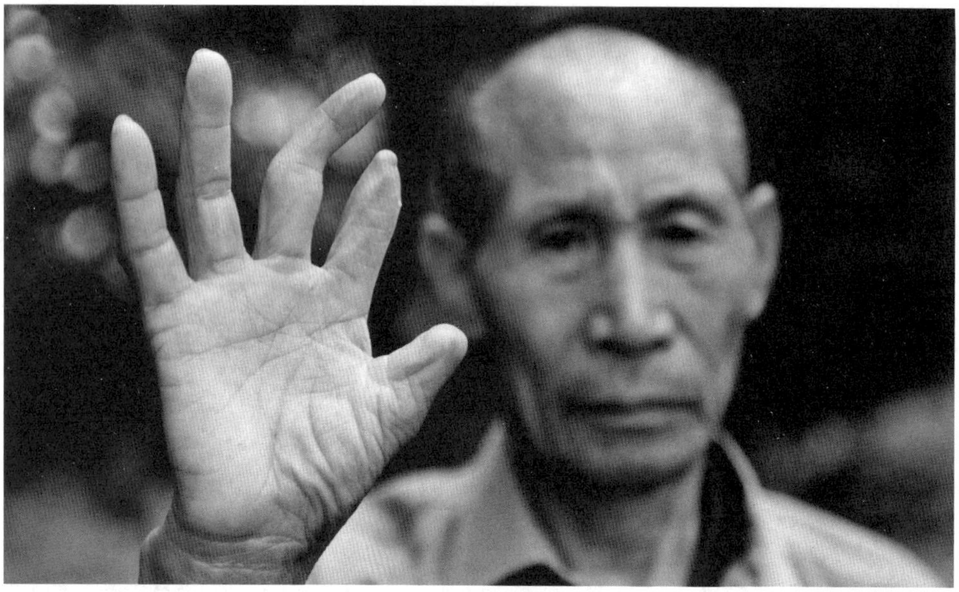

王世清，1922年生，河南省武陟县大洪桥乡西小虹村人。原国民党31集团军独立14旅3团机炮连士兵。1944年在河南密县战役中被日军俘虏，成为第一批抵花冈的中国劳工。
照片为2004年6月28日，做为花冈劳工幸存者，抵日本大馆访问的王世清向大馆市民介绍当年他在这里遭受鹿岛组残酷虐待的情形：

"……一天，日本鬼子硬是找我的茬，将我的手放在火上烧，我疼的直哭，就昏死过去了，醒来后，才发现我的手烧成了这个样子。"

柳寿欣老人谈到刘泽玉被打时的情景说：

惨哪，惨极了！小日本不拿咱们中国人当人看待呀，打人都是往死里打。打刘泽玉用的木棍一米多长，染着红、白相间的颜色，手握的一端是圆形的，另一端是三角形的。还用烧红的火钎子烫他，那么重的伤还能活吗？

在中山寮，鹿岛组给中国劳工吃的主食，是用苹果渣和橡子面加工的小窝头，但即令是这样，也严加限制不让吃饱。
图为横滨法庭审判鹿岛罪犯时，法庭出示的窝头样品。
——横滨法庭审判资料

惨遭蹂躏奄奄一息的劳工（1945年10月美军摄）。
——美国国立公文书馆藏

盛放死亡中国劳工的小木箱子（1945年10月美军摄）。
——美国国立公文书馆藏

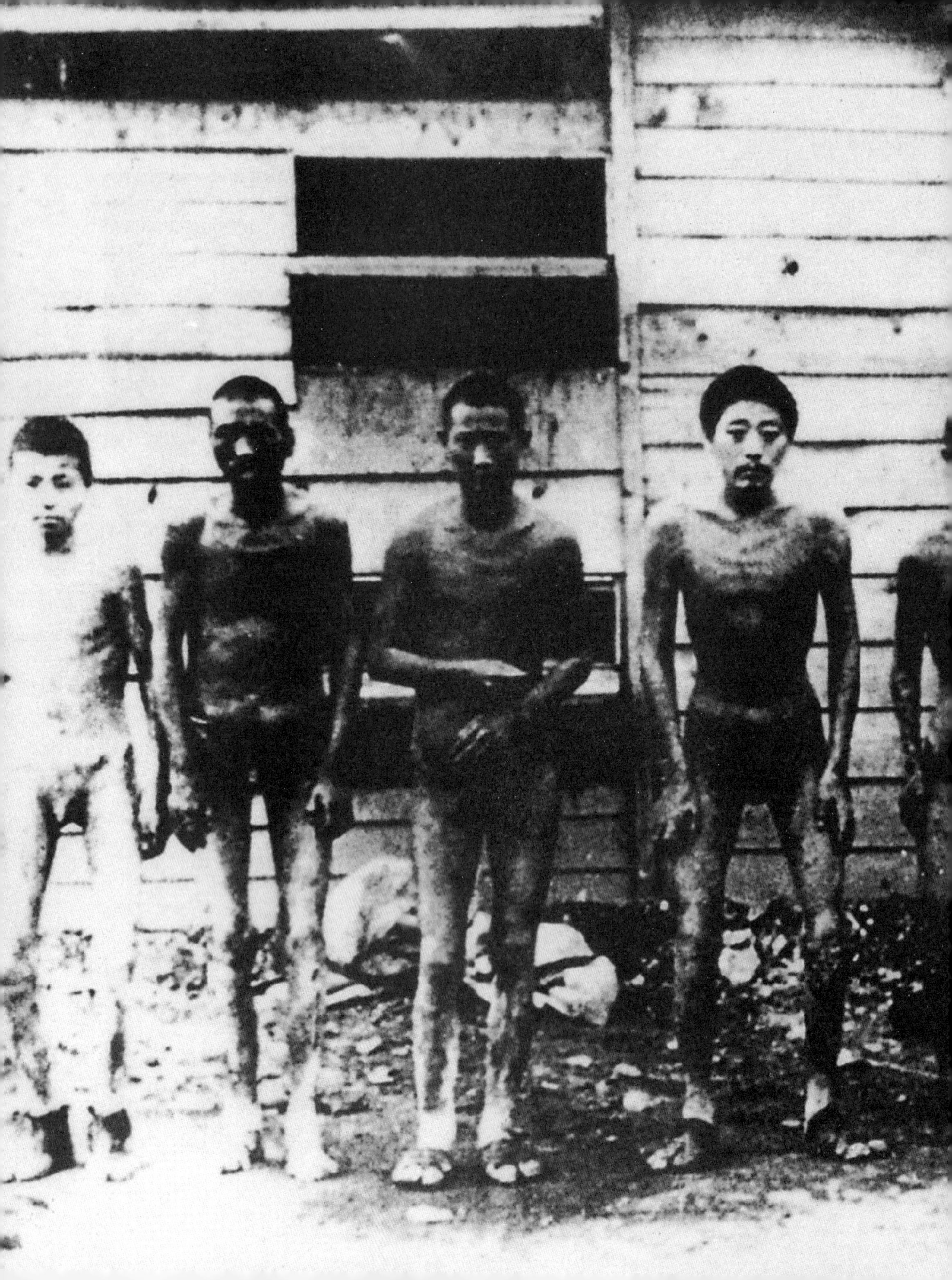

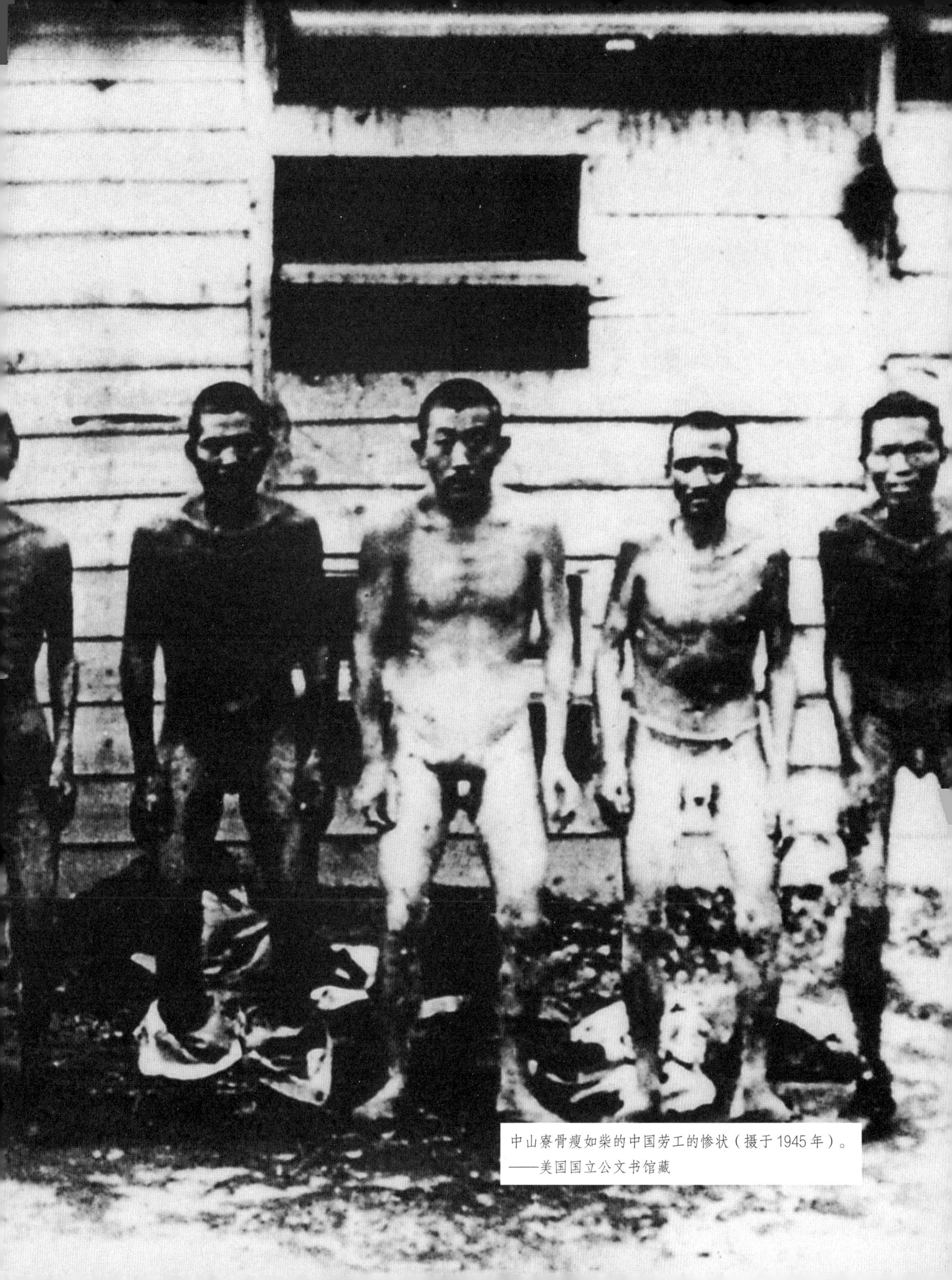

中山寮骨瘦如柴的中国劳工的惨状（摄于1945年）。
——美国国立公文书馆藏

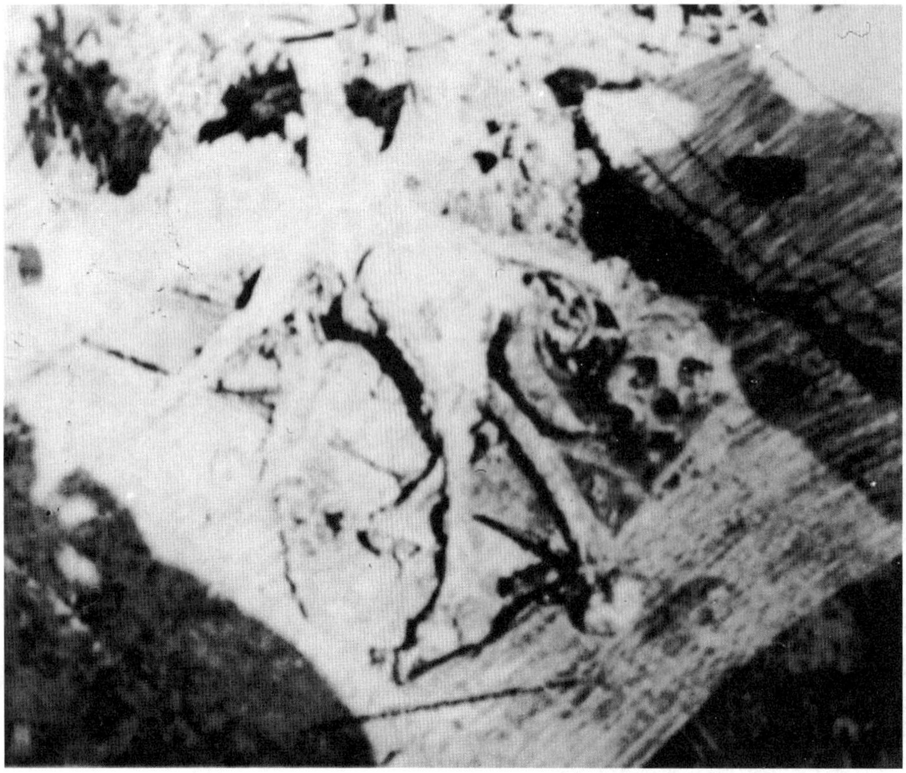

1945年10月，盟军进驻中山寮后，组织挖掘出的尚未完全腐烂的劳工尸骨。
——美国国立公文书馆藏

从中山寮后边的钵卷山上，盟军一次挖掘出98具中国劳工的遗骨。图为挖出尸骨后的98个洞子。
——美国国立公文书馆藏

从洞子里挖出的盛着尸骨的木箱子。死后的中国劳工就是这样一个个放入箱子并埋到山上。
——美国国立公文书馆藏

盟军正在焚烧钵卷山中国劳工尸骨的情形
——美国国立公文书馆藏

中国劳工被强制劳动的现场花冈川 (1945 年摄)。
——日本强掳中国人思考会提供

半个世纪过去了，花冈川依然河草青青，川流不息，它是鹿岛建设公司迫害中国劳工的见证。

2002 年 7 月 2 日，花冈劳工幸存者再度踏上中山寮旧址。

2004 年 6 月 28 日，赴日参加祭奠活动的花冈劳工幸存者和死难者遗属在中山寮追忆 59 年前的苦难岁月。

花冈劳工当年修建暗渠的地方。

1997年6月29日，来自东京、大阪、仙台、名古屋、秋田、神户、广岛等日本各地的各界人士，随中国劳工幸存者一道，寻访旧迹。这是在当年劳工挖掘排水暗沟的地方参观采访。

2012年6月30日，中国劳工遗属在当年日本关押父辈的集中营遗址参观。

当年鹿岛组旧址，如今是一座废物处理工厂。

二、尊严不可侮奋起暴动

严酷的劳动条件，无穷无尽的虐待，日寇惨绝人寰的暴行，使中国劳工的忍耐终于到了极限。为了捍卫中华民族的尊严，为了捍卫中国劳工做人的尊严，大家一致抱定誓死抗暴的决心。1945 年 6 月，耿谆、王敏等毅然决定组织暴动。

总的行动计划是：

6 月 30 日深夜开始行动，打死罪大恶极的“辅导员”和汉奸任凤岐，夺得枪支弹药，造饭饱餐，带足干粮，向北海道方向转移。

具体行动步骤是：

第一步：

1. 6 月 30 日深夜 10 点 30 分以后，待敌人睡熟时，开始暴动。

2. 李克金率 30 人，把守在“辅导员”寝室外围，防止日寇逃跑。

3. 王敏稳住对暴动态度不明朗的罗士英和王成林，并派人守住中山寮东道口。

4. 孟连祺进敌室观察敌人是否熟睡，见其手势后，张金亭率突击手 20 人，每人持一把铁镐，进入敌人寝室，乘其熟睡，一举全歼。

5. 刘锡财入敌室后，把守住电话机，不许任何人接近。

6. 刘玉林和刘虞卿进入汉奸任凤岐室，将其处死。

7. 张肇国率 20 人作为预备队待命。

第二步：

1. 以上行动得手后，张赞武、刘锡财各率 50 人，分别袭击美国俘虏营和花冈警察署，夺得枪支弹药，迅速返回。

2. 炊事班备好晚饭，再准备两天干粮。

第三步：

1. 唤醒全体难友，讲清暴动计划，宣布沿途纪律不得骚扰百姓，尤其不得恐吓儿童、妇女和老人。饱餐后离开中山寮。

2. 每人带圆锹或镐头一把，大队长头前带路，小队长率本队人员，连夜整队出发，向北海道方向前进。

3. 刘玉林、刘智渠携带药品，刘当路小队协助，护理照顾病号尽量随队出发。

第四步：

到达海边集合。如能突袭夺得船只，则漂流大海；如不得手，则背海与敌人决一死战之后，全部投海自杀，决不能让一人生落敌手。

1945年6月30日晚，仇恨难抑的近700名中国劳工终于暴动。劳工们打死4个监工（桧森冒治、猪股清、长崎长藏、小畑惣之助），逃往中山寮附近的狮子森山等地。

忍无可忍，志在暴动。（木刻）

报仇雪耻，讨还血债。（木刻）

暴动后“辅导员”办公室的情形。

暴动后“辅导员”寝室的情形。

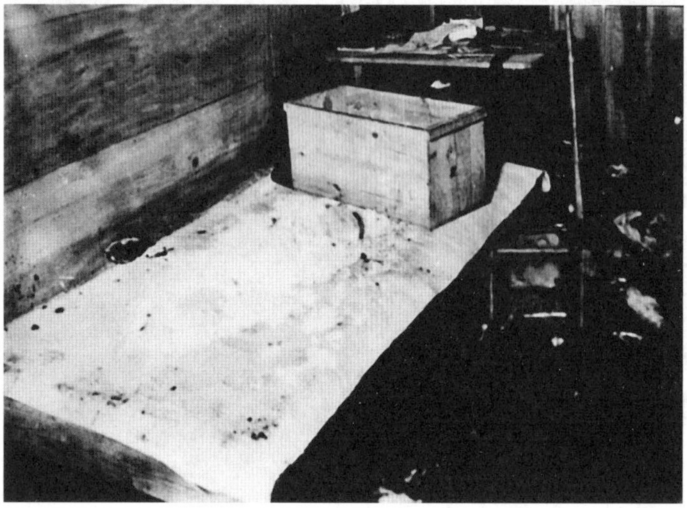

暴动后军需室的情形。

暴动后事务室的情形。

暴动后调理室的情形
以上照片均为当时日本警察所摄，并在日后被用来作为中国劳工暴动的所谓“罪证材料”。

暴动计划打乱，乘着茫茫夜色，劳工们逃往狮子森山。（木刻）

面对疯狂的围剿，中国劳工奋起还击，用石头砸向日本军警。（木刻）

中国劳工在狮子森山与围剿的日本军警展开殊死搏斗。（木刻）

终因寡不敌众，中国劳工一个个再落魔掌。（木刻）

从中山寮望狮子森山。

每年的6月29日，大馆市民及来自日本各地的朋友都要沿当年中国劳工暴动逃往狮子森山的路线寻访并举行纪念活动。

三、共乐馆血腥的三天三夜

花冈警察署旁，有一个共乐馆，它原是花冈镇的演剧场。在共乐馆前面有一个大广场。

1945年7月1日，这是一个令人难忘的日子。一批批、一群群中国劳工从狮子森山上被驱赶下来，他们被日本军警用绳索捆绑着、推搡着、棒打着，押进了广场。

广场四周临时栽起了木桩，木桩与木桩之间用绳子或铁丝网围着，四角站有岗哨，高处架着几挺机枪，广场周围和各个路口站着端枪的宪兵、握刀的警察和手持木棍、竹竿的日本人。

被赶进广场的中国人，抬头挺胸，面无惧色，带着痛苦和仇恨的目光怒视敌人。

柳寿欣于1992年1月26日向调查者讲述道：

我是先被赶到广场的，我亲眼看见敌人用汽车押来一批难友，他们个个被反捆着双手，日本人蛮横地把他们推下车或扔下车。我看到一个两眼红肿的小队长被两个日本人抬着扔下汽车，头倒栽在地上，当下就戳死了。我已经记不起他的名字，只记得暴动前他在工地上干活时，因实在忍受不了极度的劳累，用水泥把双眼弄坏了。

看护班的护理员赵满山回忆说：

暴动时，我们带着部分病号走在队伍最后，走一会儿，歇一会儿，半宿也没走多远。第二天清早就被鬼子赶回花冈。日本警察见我和刘智渠两人衣兜儿内装着药品和针管，就用木棍使劲地打我，打掉我一颗牙。三天中不断有难友被从山上抓回广场。

日军强迫中国人跪在铺着碎石子的广场上。每个人必须腰板挺直，屁股不准挨着脚后跟，成排成行朝一个方向跪着，不许动，不许说话，倒背手绑着，每两人用一条绳绑在一起，警察和民团人员，在行列之间来回巡视。因李担子穿着被打死的“辅导员”的裤子，他在山上和广场上被视为是打死“辅导员”者，因此多次被打，伤得很重。

70岁的幸存者李绍海记忆犹新：

我们在广场上跪了三天。白天烈日暴晒，晚上雨淋。上身要直立，低头挨打，歪头挨打，瞌睡挨打。不给水喝，不给饭吃，许多人晕倒在地，由两个人架着遛一圈，然后仍回去跪着。因为是两个人捆在一起，一个人倒下就连累着另一个人也倒下。警察见我们倒下，跑过来就是一通棍棒乱打。

山东受害者李福令老人对广场上的三天三夜，至今提起来仍不寒而栗：

我从国内被押往日本花冈才一个多月，比起先到的难友们，身体算是较好的。我头部被打伤，昏倒在地，监视我们的鬼子用带铁尖的木棒打在我的腰部，一阵剧痛使我苏醒过来，我腰部流血，伤口处直冒血泡。现在我腰部的伤疤仍在，至今头痛、腰痛、膝盖痛、右胳膊痛，都是受日本鬼子折磨留下的病根。鬼子看到谁跪得不直，木棍就朝谁身上乱打，打死后，拉到广场的边沿去。

幸存者柳寿欣说：

我们一个个被打得鼻青脸肿，血肉模糊。日本人变着花样殴打我们。他们用木棍一个挨一个地打我们的头，从排头打到排尾，又从排尾打到排头，一个打手刚刚过去，另一个打手紧随其后。我们劳工无一人幸免……

第二天，我口渴得要命，慌称去厕所，看到垃圾堆上有一个米饭团，上面爬了很多虫子，我偷偷抓起，三口两口便吞下去了，也许这两口饭团才使我不致死掉。记得一个姓马的难友，要我们尿点尿给他喝，可谁也尿不出来。我亲眼看见厕所的出口处躺着一个死去的难友。

在调查访问时发现：几乎每个受害者和他们的家属都知道在广场上跪了三天三夜，每一位幸存者都边哭边诉：宪兵用枪托打我们，警察用大刀背砍我们，穿便衣的日本人用削尖的竹竿和木棍扎我们，围观的日本人有的从远处用石头块砸我们……这些毫无反抗能力的中国人除了饱受肉体的痛苦外，还承受着亡国奴的精神之苦！

夜幕降临，围观的人渐渐离去。为了便于监管，日本军警把跪在广场上的五六百人分割成几群。

第一天入夜后下起了大雨。广场上被捆绑的中国人一行行全部倒下了。

罗庆元老人说：

晚上，监管我们的日本人不懂我们的话，我们一串通，大伙都一齐歪斜在地上，挨着雨淋，一个个昏昏欲睡。就这样白天跪着，夜间歪躺着，在有石头子的广场上不死不活受了三天罪。

提着矿灯，握着木棍，穿着雨衣的日本人，睁大着双眼监视着，不断有人倒下，死去。

开始，日本人还把死人拽到广场的一角，像堆放木柴一样码成一摞。后来，索性不管了，地上尸体横阵，有趴着的，有仰着的，也有扭歪着身躯的。死亡之状，惨不忍睹。死者的胳膊照样与活着的人捆在一起，这又加重了活着的人的负担和痛苦。

尸体白天被烈日暴晒，晚上任凭雨水浇淋，头被雨水浸泡后涨大了，惨白瘆人；肚子鼓得大大的，溢出了黄水，成群的苍蝇在死者的五官爬进爬出……浓烈的血腥味混在那阵阵恶臭之中。

还活着的人们，双膝早已血肉模糊，失去知觉。烈日之下，汗水和着血水早已渗透了他们的破衣烂衫。体力稍好些的也处于半昏迷状态，片刻，又疼痛难熬地醒来。他们似乎惨叫过，也怒骂过，记不清挨了多少棍棒，人人如一具具活着的僵尸。

山东王振瑞老人悲愤地诉说了那恐怖绝望的情景：

我们几百个人在广场上跪了三天，我的膝盖上露出了骨头，膝盖上粘着沙子粒，一跪钻心疼。毒毒的太阳晒得我们口干舌燥，头晕眼黑。日本人打得我死去活来，我看着敌人的机枪，有气无力地叫着、喊着、骂着："你们干脆用机枪把我们都打死吧！"

他希望用死来结束这屈辱。

三天过后，活着的人被赶回中山寮。

一场惨绝人寰的悲剧落下了帷幕。

共乐馆这个曾残害中国劳工的处所，于1978年被拆除后，热爱和平和热衷于日中友好的大馆市民们，由武田武雄带领，于1980年3月，在原址建立了一块长方形横碑，碑的右端竖写着清秀的"共乐馆址"4个大字，碑中间的黑色大理石上记载着日本强掳4万名中国劳工和"花冈暴动"的原因，以及在共乐馆广场上，花冈中山寮的中国劳工们三天三夜惨遭虐杀的惨景。

当年的共乐馆及其前面的广场。

跪在广场上的中国劳工。（木刻）

在日寇的疯狂摧残下，中国劳工尸陈共乐馆。（木刻）

不知什么原因，1978 年，共乐馆进行了悄悄的拆除工程，但还是留下了这共乐馆行将逝去的图片资料。

1997 年 6 月，摄自共乐馆广场遗址。广场依在，旁边则矗立着大馆市的一座体育馆了。

2004年6月28日，大馆市民三浦瑞（左二），小山内（左三）在大馆市公民会馆作花冈事件证言报告。三浦瑞，1929年生，大馆生人。小山内，1924年生，1942年9月8日嫁到花冈，丈夫在花冈矿山工作。

三浦瑞： 中国劳工暴动那年，我16岁。当时我在矿山医院做实习护士，经常给中国劳工看病。这些中国人都很瘦，就好象一张皮裹着骨头，我给他们扎针时，针都很难扎进去。

中国劳工由中山寮到工地的必经之路。

小山内： 我到河边挑水，常常看到山上冒着黑烟，每天都闻到烧尸体的焦糊味，于是我就想，今天又有人死去了，多可怜呀。

三浦瑞： 听说中国人暴动跑了，又被日本人抓了回来，都在共乐馆跪着呢，于是，我们就跑到共乐馆去看，见到许多中国人都被绑着，一个个跪在地上，都很痛苦的样子。

小山内： 6月30日夜，我正在邻居家做衣服，电话铃响了，告诉我们中国人暴动，要赶快逃跑。隔着屋子，能听到中国人“咚咚”的跑步声，象敲鼓。我们很紧张，呆在屋里没有逃走。天亮后，别人告诉我警察来了，正在抓暴动的中国人，就在共乐馆呢。我就到共乐馆去，看到接连不断从卡车上运来中国人，全用绳子捆着，命令他们跪下来，不跪就用枪把，棍子毒打，我很害怕，马上走掉了。

建立在广场边的“共乐馆址”纪念碑。

幸存中国劳工路晚成，实地讲述当年共乐馆广场三天三夜中亲自遭受的凄惨经历。

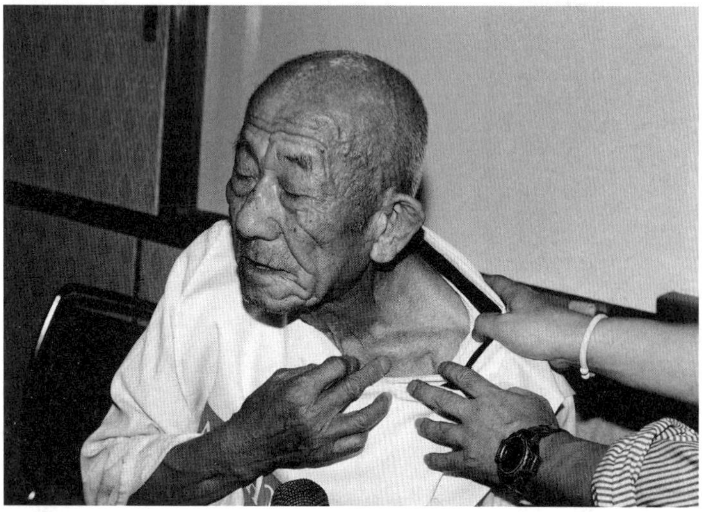

来自山东省的花冈劳工幸存者张洪臣向大馆市民展示他当年遭受鹿岛组监工毒打留下的疤痕。

于会水，1926 年生，山东省潍坊寒亭区河滩镇大张庄人。
花冈惨案幸存者

“花冈暴动失败后，我们活着的人又被日本鬼子抓了回来，一个个绑着捆着，让直挺挺地跪在广场的石子地上。一直跪了三天三夜，不给饭吃，不给水喝，白天烈日暴晒，下雨了就顶头淋着，许多人饿倒渴倒晕倒。日本兵用木棍一个挨一个地打我们的头，从排头打到排尾，一个个被打得鼻青脸肿，血肉模糊，三天中有一百多弟兄被折磨死，真是惨哪惨哪。”

56 年后的这一天，作为当年那悲惨一幕的幸存者，于会水再一次来到花冈惨案旧地。眼望着那依旧的广场，眼望着广场边的死难者纪念碑，于会水再也控制不住自己的感情，禁不住嚎啕大哭起来。

永远记下吧，共乐馆那屈辱、黑色的一幕！幸存者们不会忘记，他们的子子孙孙也不会忘记。

四、花冈刑窟

在广场上腥风血雨镇压的同时，花冈警察署和共乐馆内更加残酷的迫害持续的时间更长。

日本警察把自杀未遂的耿谆大队长和几个中小队长直接送到花冈警察署审讯。缠着绷带的监工福田正在广场上寻找可疑的人，一旦发现目标，马上示意拖入共乐馆内临时审讯室。馆内传出阵阵的殴打声和凄厉的惨叫声。

7月4日，广场上濒临死亡的500多中国人，又被送入虎口中山寮。

同日，日本警察派朝鲜人在一个名为钵卷山的山坡上挖了两个大土坑，将已腐烂的100多具中国劳工的尸体扔在坑内（据日本提供的资料，广场上57具，中山寮53具），在两个大坑旁竖起了两根木桩。

7月16日，押回中山寮的劳工幸存者在警察的监逼下，开始了繁重的工地劳动。

7月12日，警察署对耿谆、孙道敦、张金亭、赵书森、刘锡才、褚万斌、李秀深、张赞武、宫耀光、李光荣、刘虞卿、刘玉林、李克金等13名“主谋者”，根据《国防保安法》第16条第2款“战时骚扰”、“杀人罪”转送秋田县监狱(《秋田县警察史》载）。后经多次刑讯，由秋田县法庭开庭审判，判决耿谆无期徒刑，其他12人分别为有期徒刑2年、3年、5年、6年、7年、8年、10年不等。

“花冈暴动”终以失败告终。

中国劳工虽败犹荣!

劳工们的血没有白流，它使日本政府和鹿岛组受到了极大震动，他们不能再随意虐杀中国人了。

“花冈暴动”是中国劳工自发组织的发生在侵略国的暴动，他所展示和表现出的中国人民为维护祖国尊严和捍卫民族气节而英勇斗争的伟大气概，为世界反法西斯战争史写下了光辉的一页!

花冈暴动失败后，关押审讯被俘中国劳工的警察署。（摄于1945年）
——日本强掳中国人思考会提供

遭受严刑吊打的中国劳工。（木刻）

无产阶级作家同盟成员松田解子于1953年第一次在日本出版反映花冈事件的纪实文学作品《地底的人们》，向社会展示了日本强掳中国劳工问题及其花冈事件的真相。

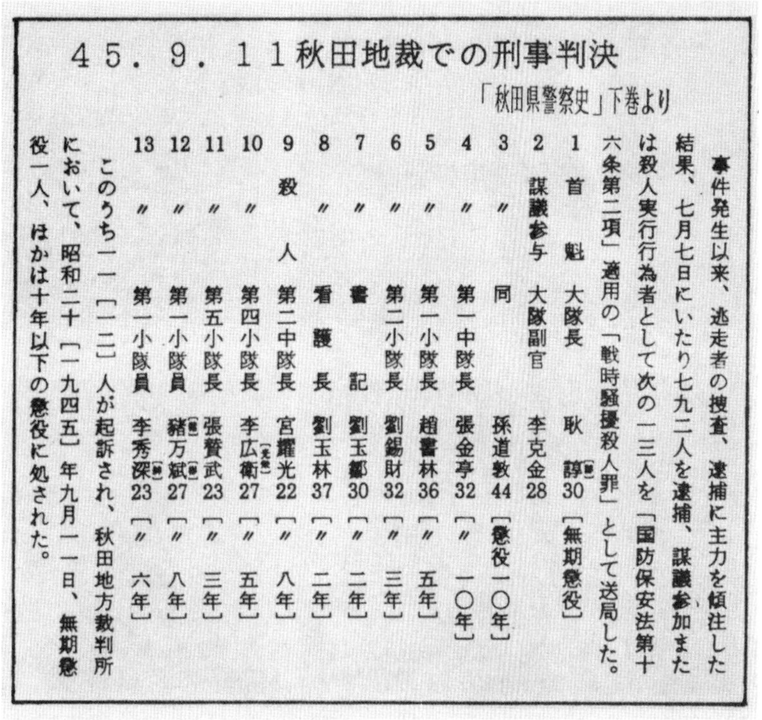

４５．９．１１秋田地裁での刑事判決

「秋田県警察史」下巻より

事件発生以来、逃走者の捜査、逮捕に主力を傾注した結果、七月七日にいたり七九二人を逮捕、謀議参加または殺人実行行為者として次の一三人を「国防保安法第十六条第二項」適用の「戦時騒擾殺人罪」として送局した。

1 首魁 大隊長 耿諄30［無期懲役］
2 謀議参与 大隊副官 李克金28
3 〃 同 孫道敦44［懲役一〇年］
4 〃 第一中隊長 張金亭32［〃 一〇年］
5 〃 第一小隊長 趙書林36［〃 五年］
6 〃 第二小隊長 劉錫財32［〃 三年］
7 〃 書記 劉玉鄉30［〃 二年］
8 〃 看護長 劉玉林37［〃 二年］
9 殺人 第二中隊長 宮耀光22［〃 八年］
10 〃 第四小隊長 李広衛27［〃 五年］
11 〃 第五小隊長 張賛武23［〃 三年］
12 〃 第一小隊員 猪万斌27［〃 八年］
13 〃 第一小隊員 李秀深23［〃 六年］

このうち一一［一二］人が起訴され、秋田地方裁判所において、昭和二十［一九四五］年九月一一日、無期懲役一人、ほかは十年以下の懲役に処された。

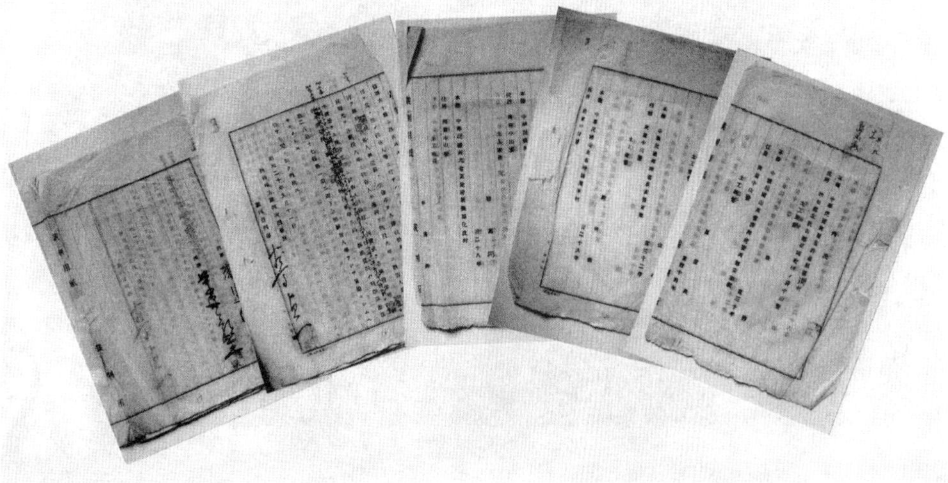

秋田地方法院对耿谆等人的判决书。
——美国国立公文书馆藏

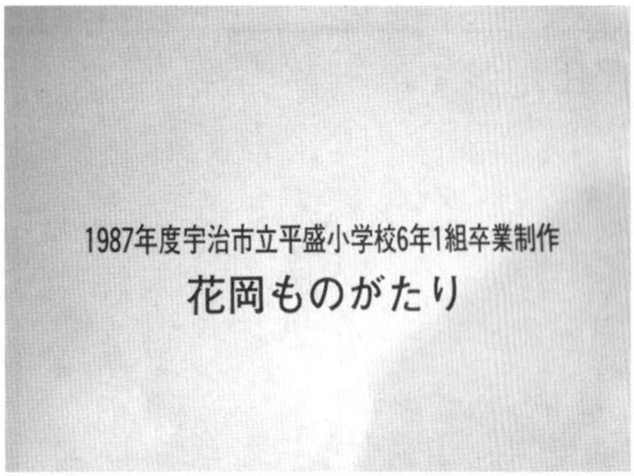

这组版画是宇治市立平盛小学校6年级学生在枡本洋幸老师的指导下，于1987年创作的以“花冈惨案”为主题的毕业作品，从日本小学生的角度，揭露了二战时期日本虐杀中国劳工的罪行。

1997年7月，耿谆再次来到当年被关押的秋田监狱。作为历史的见证，秋田监狱依然保持着旧时的模样。

忏悔的铁证①

内山完造②

只要一听到花冈惨案，我就感到窒息般的痛苦。说它是残酷呢，说它是无耻呢？但纵令是在战争时期，试问这样的事是人世间就应有的吗？而且一想到这是由我的同胞动手干出来的事，那就不止惭愧和悔恨，而且还要泣不成声了。这本小册子是那件事活生生的记录，是我们应该忏悔的铁证。那么，大家在这小册子所揭露的事实面前低头认罪吧。

① 这是内山完造先生为《花冈事件》一书所写的前言。

② 内山完造，日本冈山县人。日中友好协会的创始人之一。中国人民的老朋友，鲁迅先生的好友。已故。其骨灰一半埋在中国上海，一半埋在日本故乡。

图为内山完造（左一）和鲁迅（右二）等在一起。

历史的宣判

1945 年 8 月 15 日，日本天皇正式宣布：日本无条件投降。

8 月 28 日中午，花冈上空出现盟军的飞机。

9 月 15 日，美军第八先遣队进驻秋田县，接着盟军接管中山寮。

11 月中旬，经美军同意，中山寮 15 名劳工代表到秋田监狱探望关押的 12 位同胞。

11 月 20 日午后，中山寮 500 余名幸存劳工祭设骨灰灵堂，沉痛悼念殉难劳工。追悼会上，美军代表作如下讲话：

“我将以最大的努力，为惨死的盟国难友复仇……对战争的罪人，对杀人的刽子手，我们是不容宽大的……”

《中美英促令日本投降之波茨坦公告》指出：“我们无意奴役日本民族或消灭其国家，但对战争罪犯，包括虐待我们战俘在内，将处以法律之裁判。”

法律的利剑终于显示出了神威。

1945 年 10 月，美国占领军逮捕了鹿岛组花冈作业所所长河野正敏等七人，于 1946 年 3 月送往东京巢鸭监狱。这时，不仅鹿岛组，而且整个土木建筑业各公司都慌了手脚。土木建筑业 14 家公司联合邀请了有名的大律师平井真一。这位律师曾因为战犯嫌疑被关在巢鸭监狱的原三菱重工业总经理乡古洁的释放出过力。14 家公司与平井律师之间达成了如下协议：

1. 能保证现在巢鸭监狱关押的七名鹿岛组职员全部无罪并不涉及鹿岛组及有关委托人时，赠金 40 万元；

2. 只将在押人员判刑不涉及鹿岛组及有关委托人时，赠金 20 万日元；在押人员中每无罪释放一名付 2.5 万日元……

1946 年至 1948 年间，中国战俘劳工代表，为审判“花冈惨案”的直接责任者，曾多次出庭作证，揭发控诉日本政府和鹿岛组残害屠杀中国人的件件罪行。刘泽玉声泪俱下，将大腿被烙的大伤疤揭示于法庭；翟树棠等慷慨陈词，列数了“辅导员”对中国劳工一桩桩惨无人道的行为。

曾经不可一世的河野、伊势、福田、清水等恶贯满盈的罪犯，在正义和法律面前失去了当年的威风，低着头接受中国战俘劳工的控告。

横滨法庭审判日犯虐待劳工一案，从 1946 年 9 月 3 日开始，中间几经波折，于 1948 年 3 月 1 日判决完毕。日犯判刑者 6 人（但最终都没有执行，这些刑罚在确认时都减轻了，1953 年，6 人先后被释放，并一直逍遥法外），3 人无罪释放。

远东国际军事法庭，于 1948 年 11 月判决了 25 名 A 级战犯，释放了 19 名 A 级战犯嫌疑人。释放的战犯嫌疑人中，有几名是曾经参加过 1942 年东条内阁会议的人员（如岸信介等）。并且，于同一年的 BC 级战犯审判中只判决了花冈鹿岛组虐待过中国人的下级职员，而且未进行实际处分，便结束了此种战犯审判的一切工作。

日本政府一直在回避事件的责任。在战败后不久，便命令各个事业所提出《华人劳动者参加劳动始末书》，根据这些报告书，于 1946 年 3 月 1 日，以外务省管理局的名义制成了《华人劳动者参加劳动情况调查书》。但在其中未承担任何责任，甚至拒绝公开《外务省报告书》原件。

岸信介当年曾在东条内阁任商工大臣，在发起、规划和执行强掳中国人问题上都曾参与，负有明显不可推卸的责任，却只被指控为 A 级战犯嫌疑。尽管盟军最高司令部法务局于 1948 年 4 月 16 日提出的报告中指出：“岸信介是东条英机最亲信的文官之一，他所管辖的商工省应对军需工业使用俘虏和强掳中国人劳动问题负责。”可是，1948 年 12 月却被以“是否能确定有罪，尚属疑问”为由，免于起诉释放了。当然，强迫中国俘虏劳动的企业负责人和中层干部，也都未因虐待俘虏受到任何指控。上述的《日本建筑工业会华鲜劳务对策委员会活动记录》曾有一段如下的自我标榜的文字：

“平林律师长达 11 个月采取的手段是有功效的，已得到可靠的结论是，鹿岛组总公司自不待言，就连其他13家委托人都不会受到牵连了，应该说是很大的成功……”

这样，日本政府未贯彻波茨坦公告，彻底地追究战争罪责。历代的日本政府甚至连强掳中国人的事实都不想承认。它们以中日邦交正常化时，中国单方面“放弃要求赔偿”为借口，不仅不能认真地反省过去日本对中国及亚洲各国所犯的罪行，反而对不利于自己的史实加以掩盖。对昭然于世的强掳中国人的历史事实，在日本的教科书中几乎根本看不到。

花冈劳工翟树棠代表受害劳工出席东京审判并作为证人控诉日本政府强掳中国劳工的罪行。

国际军事法庭：东京大审判

1948 年 11 月 4 日，东京远东国际军事法庭宣读长达 1136 页的判决书。东条英机以下的军部首脑作为 A 级战犯，25 人全部判罪。但是，在对土肥原贤二、东条英机、板垣征四郎、广田弘毅、松井石根、武藤章、木村兵太郎 7 名战犯处以死刑后的 1948 年 12 月，其余的则全部被释放，岸信介就是其中之一。

花冈受难幸存者翟树棠作为受害劳工方面的重要证人出庭东京国际军事法庭作证，控诉岸信介等日本战犯强掳虐杀中国劳工的罪行。

1946年4月，获释后的难友们在秋田刑务所合影。前排（自左至右）黄福山、李秀深、马福海、褚万斌；中排（自左至右）李光荣、刘玉林、耿谆、孙道敦、宫耀光；后排（自左至右）赵光普、张赞武、刘虞卿、张金亭、赵书森、刘锡财。

1946年夏，准备为国际军事法庭横滨BC法庭审判迫害中国劳工的日本战犯出庭作证的23名花冈中国劳工在东京。

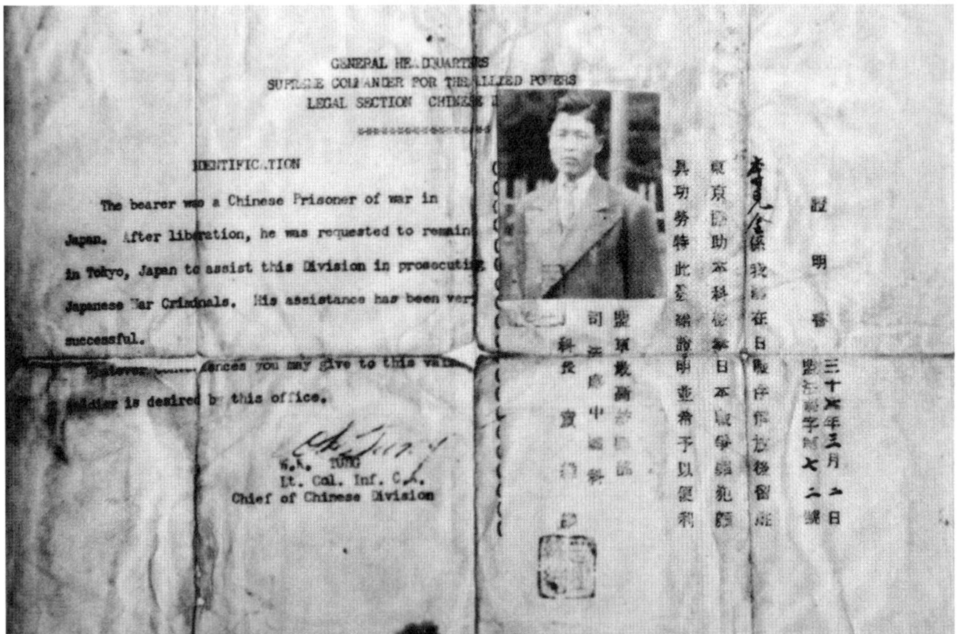

GENERAL HEADQUARTERS
SUPREME COMMANDER FOR THE ALLIED POWERS
LEGAL SECTION CHINESE D

IDENTIFICATION

The bearer was a Chinese Prisoner of war in Japan. After liberation, he was requested to remain in Tokyo, Japan to assist this Division in prosecuting Japanese War Criminals. His assistance has been very successful.

Whatever ... ances you may give to this valued soldier is desired by this office.

W. K. TUNG
Lt. Col. Inf. C. A.
Chief of Chinese Division

證明書

由盟军发给李克金出庭作证的证明书。

国际军事法庭横滨BC法庭开庭对鹿岛组罪犯审理。

中山寮中国劳工小队长李光荣（左）出庭作证。

中山寮中国劳工中队长张金亭（右）出庭作证。

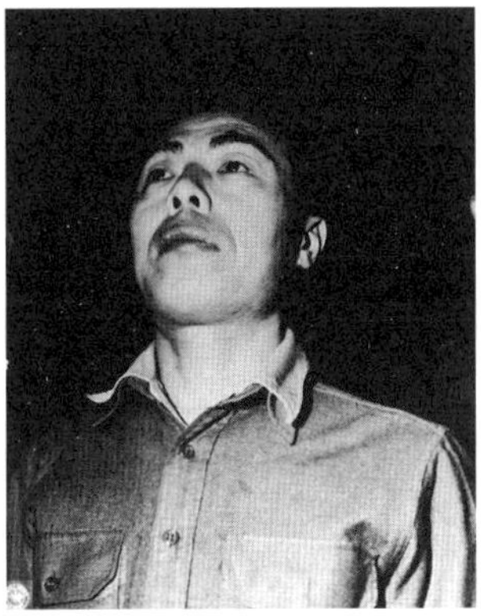

河野正敏

福田金五郎

伊势知得

清水正夫

三浦太一郎

后藤建藏

横滨BC国际军事法庭。

在横滨国际法庭受审的惨害中国劳工的鹿岛组罪犯和日本警察。

横浜ＢＣ級戦犯裁判判決（1948．3．1）

被告人一覧

	本籍	氏名		判決	確認
1	秋田	福田金五郎	〔鹿島〕	絞首	終身
2	岩手	河野正敏	〔鹿島〕	終身	終身
3	秋田	伊勢知得	〔鹿島〕	絞首	40年
4	｜	柴田三郎		無罪	｜
5	秋田	清水正夫	〔鹿島〕	絞首	終身
6	｜	高久兼広		無罪	｜
7	秋田	三浦太一郎	〔警察〕	20年	19年8月半
8	秋田	後藤建蔵	〔警察〕	20年	19年9月半
9	東京	元井英資		無罪	｜

（日本側弁護人、愳郷寛、井口清、山下卯吉、牧瀬耕、牧野賢弥、土井王明）

『ＢＣ級戦犯横浜裁判資料』不二出版、一九八五年、

张乃文，参与对“花冈事件”日犯审判的国际军事法庭“中国科佥事”。

王胜之，国际军事法庭“花冈事件”审判英语翻译。

盟军总司令部

合众国第八军司令官召集的军法会议公启

原告　美利坚合众国

被告　　河野正敏

起　诉　书

日本市民河野正敏，受雇于役使下述俘虏的日本公司——鹿岛组股份有限公司，在美利坚合众国及盟国同日本交战期间，在所附明细书记载的时间与地点，违犯了战争之法规和惯例。

……

GENERAL HEADQUARTERS[①]

SUPERME COMMANDER EOR THE ALLIED POWERS

BEFORE A MILITARY COMMISSION CONVENED	UNITED STATES OF AMERICA
BY THE COMMANDING GENERAL, UNITED STATES EIGHTH ARMY	VS MASATOSHI KONO

CHARGE

That the following named Japanese Civillian employed by the Kajima Gumi Company, Limited, a Japanese Concern employing Prisoners of war.

Masatoshi Kono

At the times and places set forth in the specifications hereco attached, and during atime of war between the united States of America, its Allies and Dependencies and Japan, did Violate the Laws and Customs of War.

（原文的一部分）

1947年7月美军第八军司令官召集的军法会议上，由美利坚合众国对鹿岛组花冈事务所所长河野正敏提出的起诉书。

三浦太一郎与战后调查“花冈事件”的美军少尉李德尔。

1947年11月27日，（自左至右）花冈事件美军C·I·C调查官辛浦森、横滨法庭中国科佥事张乃文、首席佥事格瑞格雷、美军法务官布可斯在一起。

正义之声

一、调查和送还遗骨活动

被强掳往日本的中国劳工幸存者在战后不久都返回了中国。送还死难于日本的中国劳动的骨灰工作并不是由日本政府，而是通过从事日中友好运动的民间人士进行的。

1949年夏，当时居住在花冈町朝鲜人联盟的金一秀，发现了埋在山坡上而散露的中山寮中国劳工遗骨。即报告东京的留日华侨民主促进会，并联合调查和开始挖掘整理。

1953年2月，“中国人殉难者慰灵执行委员会”在东京成立，委员长是大谷莹润。该委员会由日本红十字会、日本和平委员会等12个指导性团体和东京华侨总会、留日同学总会发起，继而在日本的135处及27个县的有关地区，进行遗骨调查活动。开始工作的第一件事就是花冈遗址的调查和遗骨收集工作，并于4月1日在东京举行隆重祭奠仪式。

金一秀与调查中国劳工遗骨的华侨在中山寮（1950）。左一为金一秀，左二为明治大学程贵，右一为中央大学陈峰龙。

1950年6月，日本和平人士参与调查并挖掘中国劳工遗骨。

“中国人殉难者慰灵执行委员会”委员长大谷莹润。他将毕生精力献给了人类和平和日中友好事业。

金一秀和参与调查的日本女作家松田解子在华人死难者塔前合影。

死于“花冈暴动”中的散落于山上的中国劳工的遗骨，由信正寺僧人收集并装坛藏于寺内。

1950年夏秋，留日华侨民主促进会在花冈的自由劳动组合、朝鲜人劳动者等团体协助下，将花冈信正寺住持茑谷达道等人收集并分装成400余箱的中山寮殉难者的遗骨，分两次从信正寺移到东京，存放在浅草的枣寺内，等待送还中国。

1950年的春天，枣寺先代主持、菅原钧的父亲菅原惠庆最早参加了发掘花冈中国劳工遗骨的活动。发掘出的中国人遗骨装有400多个骨灰盒，运到东京后，就放在枣寺里。

当时的枣寺只是刚刚重建起的三间简陋房，一间是佛殿，一间是住宅，一间是客厅。菅原惠庆把400多个骨灰盒放在客厅里，伴着这些骨灰盒共同生活了几年，一直到这些骨灰于1953年送回中国。第一次送还遗骨时，在天津塘沽港领受遗骨的是廖承志先生，他捧着悼念殉难中国劳工的牌位走在接运骨灰队伍的前面。这个牌位就出自枣寺，书写那个牌位的就是菅原钧的夫人菅原央子。书写牌位上的花冈殉难烈士名薄是菅原钧24岁时进入枣寺后的第一件工作。几十年来，这尊牌位一直安放在枣寺里。20世纪50年代初期，日中正处于敌对状态，存放这些物品是要承担极大的风险的。当时，处理这些事务的对外联络工作，都是由菅原央子去做，她一出门，身后便跟上了盯梢的特务，甚至常常有生命的危险。

枣寺先代主持菅原惠庆。
——菅原侍提供

菅原惠庆夫妇在小石川植物园从玄中寺带回的枣树前留影。
——菅原侍提供

从战后最早发掘花冈中国劳工遗骨开始，菅原惠庆毕生致力于日中友好和平事业，受到中国人民的尊敬。菅原惠庆去世后，他的骨灰一半葬在日本，一半葬在中国的玄中寺。

菅原钧全家终生致力于日中友好和平事业，多次访问中国，而枣寺正是其历史的见证和象征。枣寺的正堂里悬挂着郭沫若、赵朴初、廖承志赠送的亲笔书画。

枣寺二代主持菅原钧和夫人菅原央子。

菅原侍已经是枣寺的第三代主持了，他接过祖辈的接力棒，继续为日中友好贡献力量。

2002年7月，到访枣寺的花冈劳工殉难者遗属在灵册中寻找死难父亲的名字。

1953年7月7日，运送第一批550具中国劳工遗骨的"黑潮丸"号轮船从神户港出发抵天津塘沽港，廖承志到港口接还骨灰。

中国人殉难者遗骨送还状况

第1回	1953.07.02	神户港	551柱	黑潮丸
第2回	1953.08.26	舞鹤港	615柱	興安丸
第3回	1953.10.29	舞鹤港	203柱	興安丸
第4回	1954.11.16	下关港	889柱	興安丸
第5回	1955.12.06	门司港	131柱	興安丸
第6回	1956.08.22	下关港	47柱	興安丸
第7回	1957.05.11	门司港	329柱	興安丸
第8回	1958.04.10	东京港	84柱	白山丸
第9回	1964.11.		12箱	空路

李又凤，1924年生，前任日本朝鲜人总联合会秋田县本部委员长，现为朝鲜总联合会秋田县本部常任顾问。1947年，他出任“自由劳动组合”的书记长，从1950年起，他和金一秀等组织参与了中山寮中国劳工遗骨的发掘直至1953年开始的遗骨送还运动。如今，他仍代表在日朝鲜人，一直参加“花冈事件”的悼念和声援活动，并成为这一历史事件的重要见证人。

他叫町田忠昭，1928年生，早年就读于早稻田大学，住在日本东京都。在学校期间，他就投身于反对日本侵略中国的学生运动。1953年，他最早积极参加挖掘、送还中国劳工遗骨的活动，第一次从大馆送还骨灰，他全程护送并亲自一盒盒搬到船上。从那时至今的几十年间，他始终不渝地为“花冈事件”的妥善解决而奔走呼号，献出了毕生精力。

安放在东京的即将归还中国的花冈殉难者遗骨。

设在天津水上公园的花冈殉难劳工灵牌（左）和骨灰堂（右）。

高宏领帮助“花冈暴动”殉难者杨建庭之子杨彦钦（中）在烈士名录中查找父亲的资料。

二、历史的余音

“花冈事件”已经过去了半个多世纪。

岁月的流失，没有能够拂去蒙在中国人民心中的这片阴影；随着时代的脚步，伴着战后中日两国关系的曲曲折折，“花冈事件”的历史烙印似乎更深刻、更沉重地镌刻在两国人民的心头……

對花岡礦山大慘案的聲明（摘錄）

中華全國文學藝術界聯合會主席　郭沫若

日本反動派的殘酷無人性，早就是世界有名的。在侵華戰爭和太平洋戰爭中，他們生吃戰俘，用戰俘施行活體解剖，用戰俘作爲細菌的實驗生物，以作細菌戰的準備，這些都是有人證物證現存、無可掩蓋的事實。

最近東京出版的「華僑民報」於一月十一日發表了日本反動派在投降前夕，集體屠殺了被俘的中國士兵及被強徵的中國工人——四百一十六人的花岡礦山大慘案的眞相。這是日本反動派的殘酷罪行的又一次暴露。

像這樣的大慘案，我們相信，在日本投降前後，決不止花岡礦山這一次，而遭了屠殺的我國同胞也決不止這四百一十六人，可能是這個數目的一百倍以上。日本投降已經五年了，今天還只暴露了這一件。而在這一件大慘案眞相大白之後，在日本方面更處之泰然。這是使我們不能容忍的。

1950年1月11日，日本《华侨民报》介绍了“花冈惨案”的事实真相。当时任中华全国文学艺术界联合会主席的郭沫若在4月14日《人民日报》发表了《对花冈矿山大惨案的声明》，在全国引起强烈反响。

1950年初，东京华侨和日本友人举行悼念花冈殉难者的游行活动。

1950 年 11 月 1 日，留日华侨总会在日中友协、日本宗教团体协助下，在东京浅草本愿寺为花冈殉难者举行战后首次追悼大会。这样的追悼大会以后每年都举行，直至今日。

1953 年 4 月 1 日，日本东京各界人士举行悼念花冈受难者的游行和追悼仪式。

战后，爱好和平的大馆市人民和日本各界友好人士坚持开展追悼花冈受难者的纪念活动，图为50年代初，日本各界追悼花冈殉难者活动的场面。这组照片也是由大馆市于2004年发现并提供的。

1954 年和 1957 年，以李德全团长、廖承志副团长为首的中国红十字会代表团两次访问日本，参加了 1954 年 11 月 2 日在东京本愿寺举行的联合追悼大会；1957 年 12 月 11 日，他们亲赴花冈，向殉难劳工献花悼念，廖承志还发表了重要讲话。

1963年11月24日，在花冈町十濑野公园墓地，为“花冈惨案”中国死难者树立了一个高大的纪念碑。石碑的正面雕刻着大谷莹润书写的“中国殉难烈士慰灵之碑”十个大字。碑的背面铭刻着419名花冈殉难烈士和10名同和矿业殉难烈士的名字。每年6月30日，这里成为举行追悼会的场所。

1965年11月，日本朋友通过宣传募捐，于1966年5月建成了这座“日中不再战友好碑”，碑名由第九次中国人殉难烈士遗骨送还团团长、日中友好协会会长、众议院议员黑田寿男题写。碑的侧面刻有“发展传统友谊，反对侵略战争”字样，由郭沫若挥毫。碑的背面是介绍“花冈惨案”的碑文。

与上形成鲜明对比的是，鹿岛建设公司在日本社会各界舆论的压力下，在花冈信正寺旁的山坡上，用水泥制作了这个所谓“纳骨塔”，上书“华人死殁者追善供养塔”。实际上只不过是一个极简陋的水泥墩，早已破烂不堪。和解以后，鹿岛公司提出拆掉这个供养塔。但花冈受难者联谊会及当地民众坚决不同意。

2011年6月30日，旅日华侨墨面为参加“花冈惨案”追悼活动的遗属们讲述鹿岛公司两个“纳骨塔”的来历。放置鲜花的那一座“纳骨塔”是“花冈和解”后修建的。

大馆市民在当年强掳中国劳工到达花冈的小坂铁道大馆站举行纪念活动。

大馆市在当年中国劳工“花冈暴动”逃往狮子森山的入口处建立了固定的纪念点。

大馆，“花冈暴动”的发源地。这里的人民，深刻地反省这段历史，尤其珍视日中的真正友好，更为开拓两国人民的和平事业尽心尽力，每年为死难中国劳工举行“慰灵仪式”以及各种纪念活动。而且，他们已经填补历史教科书的空白，把“花冈事件”的真相教育传播给大馆的青年一代。

一直生活在大馆的现日本劳动组合联合会大馆协议会事务局长谷地田恒夫，5岁时就目睹了“花冈事件”，此后，从学生时代起就宣传“花冈事件”的真相，并数十年如一日地组织一年一度的中国殉难烈士慰灵活动。他说：“作为一个有良心的花冈人，我要为‘花冈事件’的妥善解决献出毕生精力。”

1992年，以团长畠山健治郎、副团长虻川信一、石田宽、秘书长谷地田恒夫率团的秋田县大馆市友好访中团访问河南省许昌市政府之际，同耿谆、张肇国会面。访中团团员有儿玉洋二、大马吉男、山本利夫、山本美江、山崎德造、阿部正三、阿部清野、藤岛改子、小林圣一、阿部秀男、阿部多芸、马场节子。

三、寻访幸存者

日本强掳中国劳工问题是战后遗留历史问题的一项重要内容，并且一直为世界所注目。

为了调查清楚日本强掳中国劳工，尤其是“花冈事件”的真相，并将其大白于天下，中日两国有识之士以及海外侨胞，为之进行了不懈的努力。但是由于历史的原因，战后几十年国内花冈劳工幸存者之间极少来往，更与日本少有联系，所以彼此信息几乎没有，而对国内幸存劳工的掌握和调查取证工作也基本是一片空白。

应当感谢旅日华侨林伯耀先生。他出于对祖国同胞的一腔挚爱之情，从20世纪80年代中期，即着手“花冈事件”资料的搜集和幸存劳工的调查工作，并于1988年8月，首次在河南开封与耿谆、王敏等幸存者会面。而后，在林伯耀先生提供经费保证和大力鼓励支持下，河北大学讲师刘宝辰带动数十名大学生，利用假期展开了对幸存劳工的调查寻找工作。通过富有成效的努力，取得阶段性的成果，从而把国内的以“花冈事件”为突破口的战俘劳工问题的研究大大推进了一步。

1988年，林伯耀在国内进行劳工调查，同花冈劳工幸存者王敏（右一），张肇国（右二）会面。

台湾著名作家陈映真（右一）在河北调查。

刘宝辰（右一）对劳工幸存者进行调查。

幸存劳工芦老永（右一）之女芦秀玲（左二）诉说父亲和同村孟宪顺（右二）被日本鬼子抓走的情形。

劳工幸存者王歪子夫妇向花冈事件调查人员诉说当年王歪子被抓后家里的不幸遭遇。

1990年，日本朋友同河北大学参与“花冈事件”调查的师生和翻译刘晓春在一起。（二排左一为新美隆律师，左五为林伯耀先生，二排右三为田中宏教授，前排左四为内海爱子）

1989年，刘宝辰对幸存者关于当年中山寮情况进行调查。

1991年，林伯耀对山东被掳劳工刘连仁（左二）进行调查。做翻译的是绿川英子的遗儿刘晓岚。

1991年4月19日，台湾籍全国人大代表黄顺兴看望花冈劳工幸存者王敏，支持他讨回历史公道的斗争。

日本秋田放送记者须藤正隆多年参与对花冈受难者的调查，他摄制的电视专题片《风之骨》获得日本录像1991年比赛第一名。

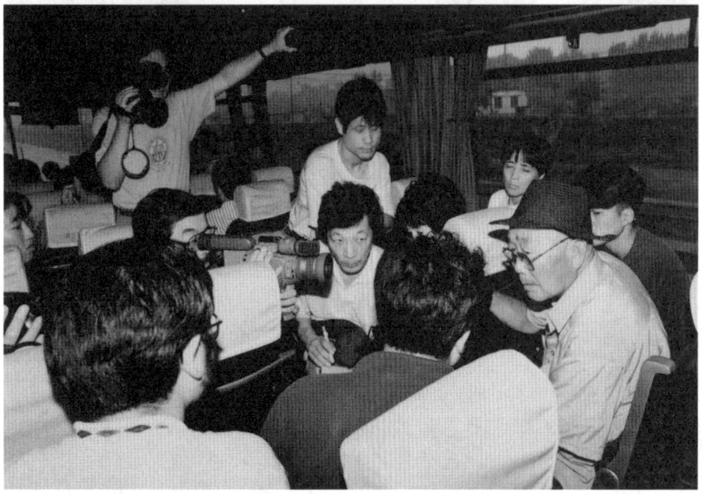

日本劳工问题研究者樱井秀一（中）在河北农村的调查。

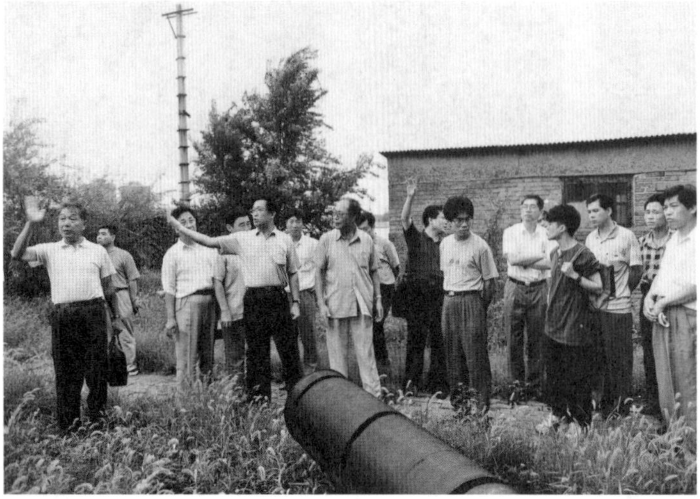

中日人士在塘沽的寻访调查。

“中国人强制连行思考会”正在举办的听证会。

“中国人强制连行思考会”投入大量人力、物力、财力推进对“花冈事件”的研究和幸存者的寻访调查工作（左一府川惠美子，左二芹泽明男，左三福田昭典，右一田中宏）。

思考会事务局长福田昭典在调查中。

关谷兴仁：镌刻永存的历史记忆

出东京，经过近3个小时的巴士路程，来到位于栃木县芳贺郡益子町益子4117-3的关谷兴仁艺术馆“朝露馆”。这是一座掩映在绿树环抱中的院落，一边是关谷的工作室，对面是上下两层的展览馆。

步入关谷陶艺展览馆的一刹那，令人大吃一惊，那是艺术家作品给予的第一视觉感受和精神冲击。再走进二层的展厅，则旋即被整个场馆的氛围所强烈震撼甚至有几乎要被击倒的感觉。我从来没有看过这种创作主题这种艺术表现的展览。我立马明白了关谷先生曾经袒露的心怀，读懂了那奔涌在关谷先生胸中的战争之痛、和平之爱和人文情怀。关谷是一个日本人，但是他却站在了一个如此之高的基点上，去想到了、去创作了、去表现了一桩关于控诉、揭露日本侵略者在中国土地上滔天罪行的艺术大作。

二战期间，日本不仅在中国东北地区抓捕了成百上千万的中国劳工，而且还强掳近4万名中国劳工到日本服苦役。日本残酷虐杀中国人罪恶累累，在东北留下了不计其数的死难者“万人坑”，在日本有6830名中国劳工命丧东瀛，关谷先生正是以此为主题，利用4年时间。创作了他的大型陶艺作品“强制连行 -- 万人坑”。

关谷兴仁在他的陶艺馆。

三大板块，4万个被掳日本的中国劳工陶艺铭牌，精到的展览布局，气势恢宏的整体设计，你会想到这完全是一双80多岁的老人完成的吗？4年多的时间里，80多岁的关谷兴仁、石川逸子夫妇，在东京的家里研究设计，一个一个镌刻完4万劳工铭牌和大量艺术品陶坯，然后老两口亲自装车又亲自开车，每次3个多小时，送到从东京到枥木县的益子，再卸下，再装窑烧制、布展……可想而知，这中间他们付出了多么巨大的心血和艰辛。

关谷兴仁和他的大型陶艺作品展《悼》。

关谷兴仁及夫人、日本著名诗人石川逸子（左八）和到访的花冈劳工遗属在“朝露馆”合影。

内田雅敏律师就花冈事件诉讼做关于国际法知识的报告。

秋田县的牛越国昭长年坚持跟踪记录花冈事件的经过。

林叔飙是一位默默无闻的“牛”，他从不张扬，却把工作干得头头是道。

大馆长年支援花冈和平友好事业和“6·30”慰灵活动的友人。右起：誉田正司、谷地田恒夫、岩间敏明、成田由纪子、近藤章子、本田和敏、小林圣一。

川田繁幸理事长、石田宽理事、誉田正司理事在讨论花冈和平纪念馆的运营事宜。

大馆市劳动福祉会馆的木越阳子（左）及其全家数十年如一日为花冈事件受害者讨还公道，做出了很大的贡献。图为2011年木越阳子在大馆主持听证会的情景。

回首当年，每一位幸存劳工都有一肚子的苦水，一腔的仇恨……

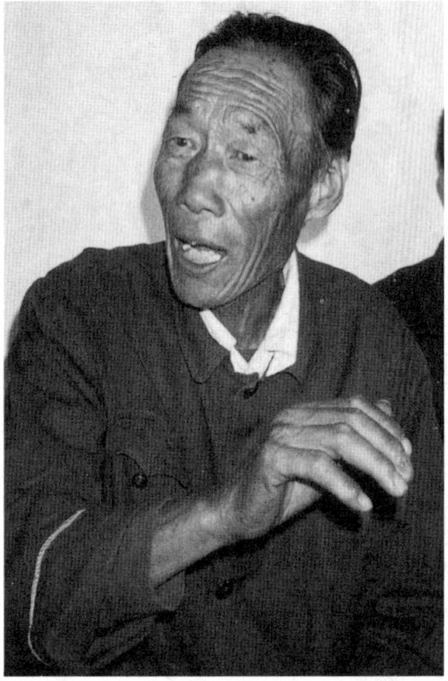
幸存者　马肉墩

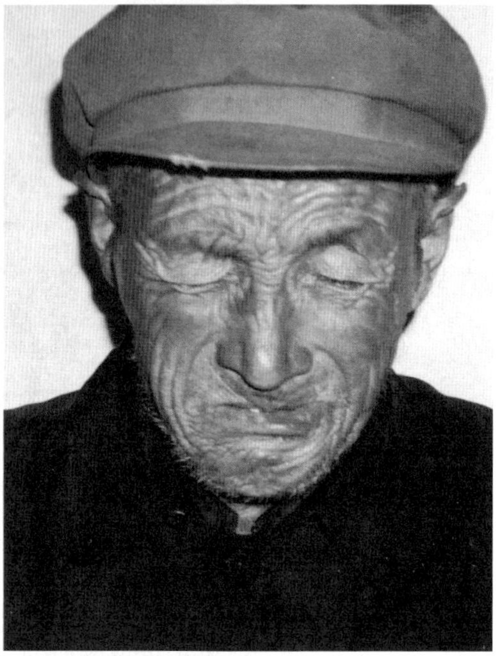
幸存者　芦老永

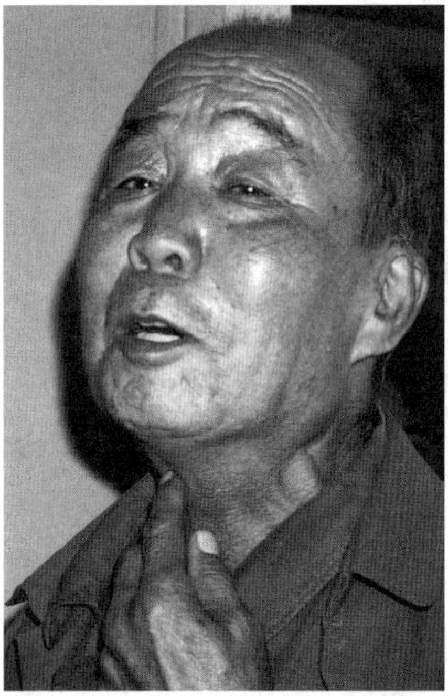
幸存者　孟宪顺

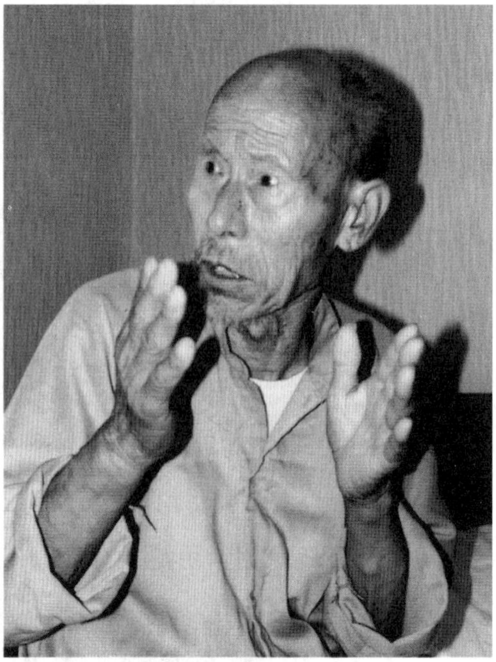
幸存者　路晚成

李福令

庄进功

花冈劳工部分幸存者

目前，寻访“花冈事件”幸存者和遗属的工作仍在继续进行。

柳寿欣

罗庆元

李克金

张肇国

曹未明

王治清

张海萍

白计须

申　芝

张国兴

曹新功

杨成申

张恒德

孙德泉

王振瑞

李朝选

刘树昌

李洛英

梁文科

李振芝

赵书坤

李秀深

孙成山

李担子

1990 年 11 月 9 日，“花冈事件”受害幸存者 42 人会聚于北京，首次在国内召开了“花冈事件殉难者追悼大会”。

四、隔不断的历史

1985 年 6 月 30 日，大馆市举行“花冈惨案”第 40 次慰灵活动，新华社为此播发新闻。

1987 年 6 月，73 岁高龄的耿谆先生，应日本国会议员田英夫、土井多贺子、宇都宫德马和大馆市长畠山健治郎的邀请，再度踏上花冈的土地，在“中国殉难烈士慰灵碑”前参加战后第 42 次慰灵追悼活动。中国和日本报纸均作大量报道。

1990年6月，耿谆率幸存者和遗属代表共6人，赴大馆参加“花冈事件”45周年慰灵活动。参议院议员田英夫（左二）、大馆市长畠山健治郎（左四）和中国驻日本大使馆参赞王毅（右三）参加追悼会并讲话。

来到父亲殉难旧地，遗属李香莲悲恸欲绝。

1995 年 6 月 30 日，日本大馆市隆重集会，纪念中国劳工殉难 50 周年。

日本众议院议长土井多贺子参加了悼念活动并作重要讲话。她指出，中国劳工为了人的尊严揭竿而起，“这一壮举将永垂青史”。

据新华社大馆(日本)6月30日电 (记者乐绍延)日本秋田县大馆市政府今天上午在这里的市民体育馆隆重举行“中国人殉难者50周年纪念仪式”，深切悼念在“花冈事件”中殉难的中国劳工。

日本众议院议长土井多贺子、大馆市市长小畑元、专程从中国前来的“花冈事件”幸存者及死难者家属代表团、中国驻日使馆官员及日本各界人士1000多人参加了今天的悼念活动。

小畑元在悼念会上强调，“虽然‘花冈事件’已经过了半个世纪，但我们决不能淡化这个悲惨的历史事实。为了不犯同样的错误，我们要把这个史实作为历史教训，进一步加强日中两国的友好关系，为实现世界永久和平作出最大努力。”

土井多贺子在慰灵祭上指出，在遭受了非人的待遇、看到众多的同胞丧失生命之时，中国劳工为了人的尊严揭竿而起，“这一壮举将永垂青史”。她说，“今天，日中双方有关人士聚集一堂，回顾日本发动的战争所带来的惨剧，悼念死难者，声讨战争，深刻反省过去的历史，十分重要。‘前事不忘，后事之师’，为了不让历史重演，我们必须不断努力。”

中国驻日本大使馆参赞赵宝智在慰灵祭上说，“今年是世界反法西斯战争和中国人民抗日战争胜利50周年，也是在令人震惊的‘花冈事件’中蒙难的中国人50周年祭日。在中日友好关系进一步发展的今天，重新回顾‘花冈事件’的历史具有特殊的意义。”他说，“要以历史为鉴，更加珍惜和平，珍惜中日友好关系，加强相互理解和相互信赖，为亚太地区和世界的繁荣与和平而努力。”

当年领导劳工起义、现任平顶山市政协常委的耿谆先生在慰灵祭上宣读了祭文，悼念死难同胞。81岁高龄的耿谆说，被绑架来的数百名同胞是在非人的待遇下惨死在这里的，我们决不允许历史悲剧重演。

日本首相村山富市向慰灵祭发来唁电，向殉难的中国劳工致以深切的哀悼，祝愿日中友好关系进一步发展。

人民日报 1995 年 7 月 1 日报道。

1997年6月，幸存者路晚成、李绍海及遗属路贞良赴日，参加花冈殉难烈士慰灵活动，众议院议员畠山健治郎、小畑元市长和幸存者代表致了悼词。中国驻日大使馆一、二等书记官参加了追悼会。

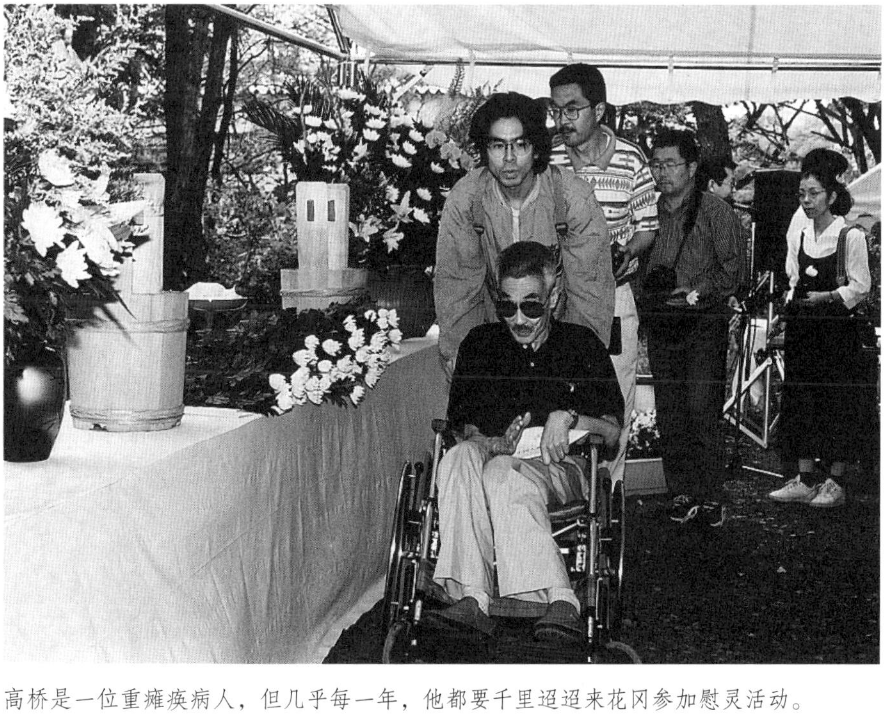

高桥是一位重瘫痪病人，但几乎每一年，他都要千里迢迢来花冈参加慰灵活动。

五、正视历史　面向未来

1985年，日本首相以官方名义参拜靖国神社，引起亚太地区各国和日本有识之士的关注。随之，包括“花冈事件”、“南京大屠杀”、“慰安妇”等历史问题和日本教科书问题，也成为中日两国如何看待日本侵华历史的焦点问题。为了更好地回顾历史，总结经验，日本强掳中国人思考会、旅日华侨中日交流促进会把历年从日本、中国、美国、德国征集到的大量文献资料及历史图片、实物，无条件提供给中国人民抗日战争纪念馆，并举办《花冈悲歌》展，作为中日邦交正常化的一个活动。在中日双方有关人士白介夫、孙平化、田英夫、伊东正义、宇都宫德马、土井多贺子、竹村泰子、清水澄子等的大力倡导下，《花冈悲歌》展览终于在1993年6月29日如期展出。

原国务院副总理谷牧、原全国政协副主席吕正操将军、中央统战部副部长万绍芬、原北京市市长焦若愚、全国妇联副主席林丽韫、中国抗日战争史学会执行会长白介夫等出席了展览开幕式。

《花冈悲歌》展览在中国和海内外国家引起强烈反响，进一步引发了世人对“花冈事件”的关注。

《花冈悲歌》展览开幕式。

人民日报 海外版

PEOPLE'S DAILY
OVERSEAS EDITION

1993年7月2日 星期五
癸酉年五月十三 第2641号

国内代号1—96 国外代号D797 人民日报社出版 北京、香港、东京、旧金山、纽约、巴黎印刷发行

《花冈悲歌》展览6月29日在北京卢沟桥抗日战争纪念馆开幕。该展览展现了抗战后期被劫往日本秋田县花冈町从事苦役的中国人举行暴动的过程。图为当年曾经暗中帮助过中国劳工的日本工头越后谷义勇（前中）在开幕式上与暴动中幸存的中国劳工合影时，放声痛哭。新华社记者唐召明摄

这是一个动人的富有传奇色彩的故事——

上图中那个嚎啕大哭的日本人叫越后谷义勇，即监管中山寮中国劳工的那个“小孩太君”。也许，出于一个有善良心的日本人，他没有像河野、福田那样侮辱和虐待劳工，并且常常给予他们一些力所能及的帮助。仅为此事，就使得劳工们感恩于怀。也正是因为1945年6月27日是他值夜班，劳工们不忍心杀害他，把原暴动的日期推迟了三天，改为6月30日。

“花冈暴动”失败了，这段特殊的缘份似乎将永远沉没人间。然则，几十年后，越后谷义勇终于知道了这段令他刻骨铭心的故事。当他终于有机会和那些当年的劳工幸存者见面的时候，那种复杂的感情是常人难以理解的，于是，他一次次地表示忏悔，一次次地痛苦不已。这次，他是以一个特殊身份的日本人参加《花冈悲歌》开幕式的。作为一个不能言语的偏瘫病人，此时此刻，他只能以自己特有的方式表达自己的感情。

中日各界知名人士参观展览并在纪念馆前合影留念。

北京电影制片厂以表现“花冈暴动”为内容改编的电视剧《花冈幸存者》正在拍摄中。倪萍在剧中扮演角色。

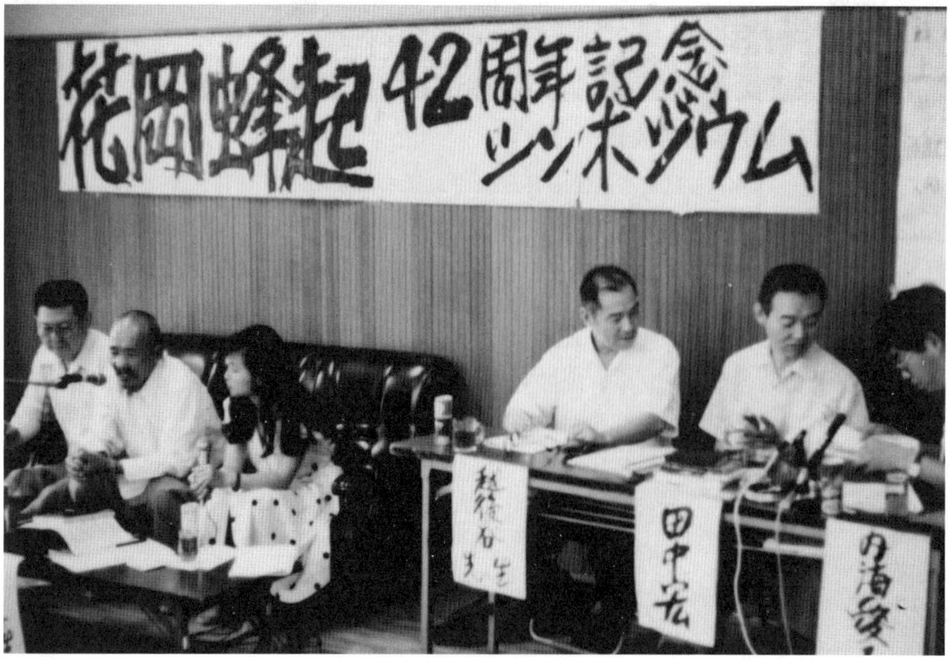

1987年7月，在大阪“杂草舍”举行了“纪念花冈起义42周年研讨会”，耿谆、刘智渠、田中宏、新美隆、猪八戒、越后谷义勇等参加并作重点发言。

1994年11月4日下午，日本内阁官房长官五十岚广三会见来日访问的“花冈受难者联谊会”名誉会长耿谆。会谈中，耿谆再就“花冈事件”表明了自己的坚定立场和鲜明态度。尔后，官房长官五十岚广三首次就“花冈事件”表示道歉说：“实在对不起，由衷地表示道歉。”接着，他还就解决包括“花冈事件”在内的战后赔偿问题表明了态度。对此，耿谆先生表示欣慰。

右起：日本参议院议员田英夫，官房长官五十岚广三，耿谆，中日交流促进会秘书长林伯耀在东京永田町议员会馆的合影。

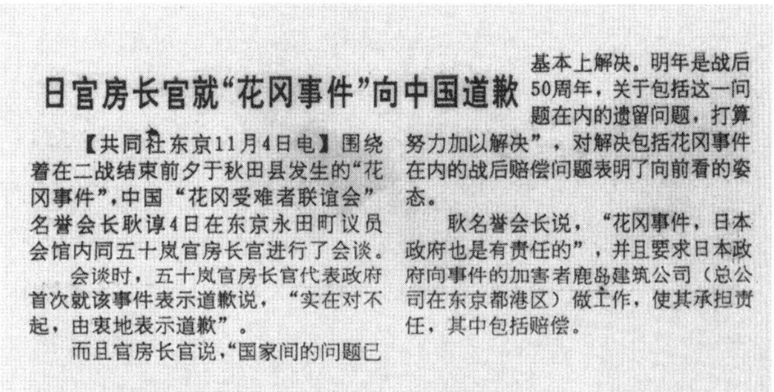

日官房长官就“花冈事件”向中国道歉

【共同社东京11月4日电】围绕着在二战结束前夕于秋田县发生的“花冈事件”，中国“花冈受难者联谊会”名誉会长耿谆4日在东京永田町议员会馆内同五十岚官房长官进行了会谈。

会谈时，五十岚官房长官代表政府首次就该事件表示道歉说，“实在对不起，由衷地表示道歉”。

而且官房长官说，“国家间的问题已基本上解决。明年是战后50周年，关于包括这一问题在内的遗留问题，打算努力加以解决”，对解决包括花冈事件在内的战后赔偿问题表明了向前看的姿态。

耿名誉会长说，“花冈事件，日本政府也是有责任的”，并且要求日本政府向事件的加害者鹿岛建筑公司（总公司在东京都港区）做工作，使其承担责任，其中包括赔偿。

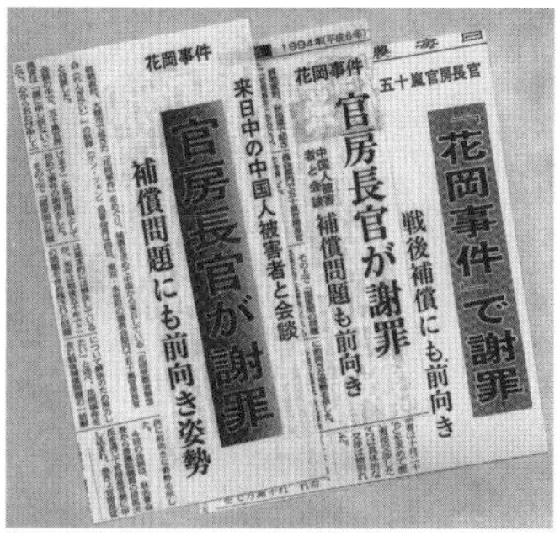

这是日本媒体关于五十岚发表谢罪谈话的新闻报道

1995年，正值世界反法西斯战争胜利和二次大战结束50周年。在世界各国人民隆重庆祝纪念这一历史性节日的同时，也恰是“花冈惨案”中国人殉难者50周年祭年。作为二次大战战败国的日本，村山富市首相全面承认太平洋战争是侵略战争。1995年8月15日，村山首相就二次大战结束50周年发表重要谈话。

1996年年底，河南电视台在就“花冈事件”及有关问题对村山富市采访时，他仍重申了日本侵华给中国人民带来灾难这一历史事实，表明应该正确处理日本战后遗留问题和对侵略战争反省的立场。

林同春在纪念碑落成仪式上。

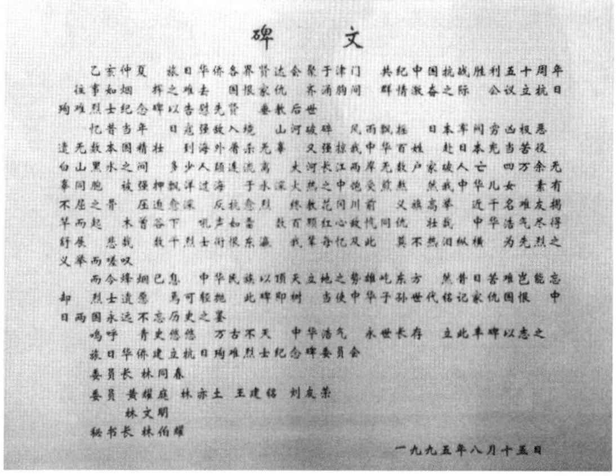

碑　文

乙亥仲夏　旅日华侨各界贤达会聚于津门　共纪中国抗战胜利五十周年　往事如烟　挥之难去　国恨家仇　齐涌胸间　群情激奋之际　公议立抗日殉难烈士纪念碑以告慰先贤　垂教后世

忆昔当年　日寇强敌入境　山河破碎　风雨飘摇　日本军阀穷凶极恶　遣无数本国精壮　到海外屠杀无辜　又强掠我中华百姓　赴日本充当苦役　白山黑水之间　多少人颠沛流离　大河长江两岸无数户家破人亡　四万余无辜同胞　被强押飘洋过海　于水深火热之中饱受煎熬　然我中华儿女　素有不屈之骨　压迫愈深　反抗愈烈　终致花冈川前　义旗高举　近千名难友揭竿而起　木首谷下　吼声如雷　数百颗红心献代同仇　壮哉　中华浩气尽得舒展　悲哉　数千烈士衔恨东瀛　我辈每忆及此　莫不热泪纵横　为先烈之义举而嗟叹

而今烽烟已息　中华民族以顶天立地之势雄屹东方　然昔日苦难岂能忘却　烈士遗愿　焉可轻抛　此碑印树　当使中华子孙世代铭记家仇国恨　中日两国永远不忘历史之鉴

呜呼　青史悠悠　万古不灭　中华浩气　永世长存　立此丰碑以志之

旅日华侨建立抗日殉难烈士纪念碑委员会
委员长　林同春
委员　黄耀庭　林赤土　王建铭　刘友荣
　　林文明
秘书长　林伯耀

一九九五年八月十五日

碑文

1995年8月15日，在纪念世界反法西斯和抗日战争胜利50周年纪念日之际，旅日华侨神户华侨总会会长林同春和中日交流促进会秘书长林伯耀和华侨共同捐资85万元，在天津烈士陵园水上公园为殉难中国劳工修建纪念碑和“在日殉难同胞名录墙”，包括花冈殉难烈士共计6800名收录在内。纪念碑和名录墙落成后，举行了隆重的追悼仪式，并同时举办《花冈惨案》展。

中共天津市委和天津市人民政府主持了揭幕仪式。

2011年8月19日，天津市人民政府举行“天津在日殉难烈士劳工纪念馆”开馆5周年仪式，神户华侨总会顾问、日本中华总商会名誉会长黄耀庭（右八），日本众议院议员服部良一（右九），神户中华同文学校理事长林同福（右七），神户中华同文学校名誉校长爱新翼（右四），神户华侨幼儿园名誉理事长刘友荣（右三），神户华侨总会理事林伯耀（右六），黄耀庭夫人黄与珍（右一），刘友荣夫人刘香代（右二）等出席仪式。

神户华侨总会顾问、日本中华总商会名誉会长黄耀庭讲话。

在天津市人民政府举行的“天津在日殉难烈士劳工纪念馆”开馆5周年仪式上，旅日华侨神户中华同文学校理事长林同福向天津市人民政府副秘书长王敬威赠送锦旗。

殉难者遗属的哭悼

6800名殉难中国劳工名录墙

1990 年 6 月 30 日，旅美华侨邵子平（三排右三）与耿谆、王敏、张肇国等花冈事件幸存者到访大馆参加慰灵活动。

1995 年，中国劳工幸存者一行在中山寮举行祭奠烈士活动，此间，一男一女涕哭着向老人们表示谢罪，并请求宽恕。原来这是当年中山寮辅导员桧森昌治的女儿和辅导员猪股清的弟弟（桧森昌治和猪股清均在暴动中被劳工打死），他们为父兄的罪恶而羞愧，愿在这些中国老人面前忏悔。这是猪股清的弟弟猪股明（前右二）和桧森昌治的女儿小林节子（前右三）和中国劳工幸存者等在日中不再战友好碑前合影。

1997 年 6 月，中国劳工幸存者路晚成访日，在共乐馆广场讲述当年惨状，期间一中年妇女跪在老人身边谢罪。她叫安达雪子，51 岁，大馆市民。原来，她的两个叔叔都死在了侵略中国的战场上。听了老人的话，她心中甚为不安，遂跪求谢罪。

柳泽君雄，日本神奈川县人。现为日中友好原军人之会副代表干事。1944 年，他作为侵华日军的一员，曾在河南驻防，并参加了攻占洛阳的战役。几十年后，血腥的历史使他悔恨和自疚。他常常在悔过历史，反省罪责。一段历史的缘分，又使他参与到支持“花冈事件”诉讼的许多取证、调查。图为柳泽君雄在东京“花冈惨案”追悼会上发言。

照片中那些天真的孩子们，是秋田市圣灵中学的高中生。由于日本“教科书”对侵华历史蓄意掩盖造成的“空白”，这些秋田市的学生竟不知发生在秋田县的“花冈惨案”。1997 年 3 月，她们在去荷兰参观一个二战历史的展览中，才第一次知道了这件事。这些孩子们甚是惊讶：怎么会有这样的事？回日本后，她们再也忘不掉似乎是“天方夜谭”的“花冈惨案”。在老师带领下，1997 年 5 月，她们终于来到大馆，来到当年发生“花冈惨案”的花冈町、中山寮、共乐馆。她们也终于从“教科书”的怪圈中走出来，牢牢记住了“花冈事件”，也牢牢记住了那场侵华战争。

这是她们在大馆十濑野公园中国殉难烈士慰灵碑前的留影。

正视历史事实，还历史以本来面目，这同样是正在成长起来的日本新一代的呼唤和追求。

六、为了共同的目标

中日邦交正常化以来，日本国内许多知名的政治家、民间团体、友好人士，对当年日本军国主义发动的侵略战争及强掳迫害中国劳工的罪行进行了严厉的谴责与深刻的反省，对“花冈事件”受难者及遗属向日本有关方面提出的谢罪赔偿要求，表示了深切的同情和公开的支持和声援。老一辈的日本政治家宇都宫德马、伊东正义、林义郎，以及当今活跃在日本政坛的田英夫、土井多贺子、畠山健治郎、竹村泰子、清水澄子等等，还有日本强掳中国人思考会、花冈裁判支援联络会等众多的日本民间团体，以及旅日华侨中日交流促进会，更有许多海内外的华人组织、港台同胞、国际友好团体和世界许多的新闻媒体，都给了“花冈事件”以极大的关注。

追求真理和正义，讨回“花冈事件”公道的共同目标，把国内外有识之士的心连在一起。

1990年6月，部分日本国会议员为来访的“花冈事件”幸存者和遗属代表举行盛大的欢迎仪式。之后，参加了殉难中国劳工的追悼活动。

1992年，原日中友好协会会长宇都宫德马（前）会见“花冈事件”幸存者李克金（左二）、柳寿欣（左一）、遗属孙力（左三）。

1994年8月26日，日本众议院议长土井多贺子在天津水上公园内的抗日殉维烈士纪念馆会见“花冈受难者联谊会”会长王敏等花冈劳工幸存者。

畠山健治郎，1936 年生，日本大馆人，日本众议院议员，1979 年至 1991 年连任大馆市市长。

“我的一生都和花冈事件有着千丝万缕的联系。战争时期，我父亲在花冈矿山从事矿山物质研究，我 9 岁那年，是我和花冈事件的连接点，我的人生起点也是从认识中国劳工开始的。1945 年 6 月的花冈暴动，中国劳工逃往狮子森山时，就是从我家旁边的路上跑过的。平常，我每天都看到几百名劳工走来走去的痛苦的样子，也看到了他们常常被虐待的情景，尤其是暴动失败后，他们被日本人虐待杀害的景象更使我震惊，一直都在我的脑海里闪现，也深深地影响了我的人生”。

畠山健治郎一生追求人类和平的美好理想。1979 年他被选任大馆市市长以后，以开展花冈事件纪念活动为契机，努力推进日中友好和平事业。他进一步倡导并继承了花冈暴动的 6 月 30 日为大馆市“和平纪念日”，以及一年一度的从未间断的“慰灵祭”活动，尤其把发生在大馆市的花冈事件历史和正确的战争史观教育传播给日本的年轻一代。

“我知道，这种传播对日本政府是不利的。但是大馆市政府为什么重视花冈事件，因为历史的事实是不可隐瞒的，反对战争，实现和平的原点就是把历史告诉人们。把日本的侵略历史和错误教训告诉日本的下一代，这才是日中友好的基础，也是我和大馆市政府的责任！”

被强掳中国劳工受害者代表第一次在联合国会议上控告日本政府

1994年4月29日，在联合国人权委员会的现代奴隶形式工作组部门会议上，“花冈事件”受害幸存者赵满山作为中国人战争受害者第一次出席会议。在会议上，他义正言辞地控告日本政府及企业，陈述了其同父亲二人被日军在中国大陆绑架并强掳至日本秋田县花冈强制进行奴隶劳动，遭受非人的待遇，父亲死于非命的悲惨经历。为了生存，劳工们奋起暴动，结果遭到了残酷的镇压与迫害，很多中国同胞命丧异国他乡。作为受害者，他强烈谴责日本政府及加害企业，要求其必须谢罪赔偿。作为翻译陪同赵满山的是保定河北大学教师郭献庭。与会的中国政府代表、日本政府代表都对赵满山的控告深表关注。会议结束后，赵满山和郭献庭得到了中国政府代表的亲切接待。

针对日本政府及企业的奴隶劳动，不但有之前朝鲜人劳动受害者的控告，还有此次中国人强制劳动受害者的控告，因此：1、因受到多个国家的控告，故决定将强制劳动问题作为工作部会议的正式课题；2、向特别报告官提议进行正式处理；3、作为目前具体的解决方案，第一次提出通过常设仲裁裁判所进行解决。

赵满山此次出席联合国会议，是在日本和欧洲的民间非政府组织的帮助下成行的。

赵满山参加被强掳中国劳工受害者代表第一次联合国会议所在地的联合国日内瓦城。

War laborer makes U.N. plea

Chinese wants body to help in punishing war criminals

A Chinese man who was forced to work in Japan from 1944 to 1945 demanded Friday in Geneva that the United Nations urge the Japanese government to punish those responsible.

Zhao Manshan, 68, said he accuses the now defunct Japanese Imperial Army, military police and former executives of Kajima Corp. for forcing him and other Chinese to work in Japanese factories.

Kajima has refused to comment on its use of forced labor during the war.

Zhao made the demand at a meeting Friday of the U.N. Working Group on Contemporary Forms of Slavery in Geneva.

He was the first Chinese to give testimony on his wartime experience, according to citizen groups attending the session.

In July 1944, a total of 997 Chinese, including Zhao, were forcibly taken to Hanaoka, Akita Prefecture, to work at a Kajima mine for about 18 months.

Zhao's father was also taken to the Hanaoka mine. He said his father was one of the 417 Chinese who were tortured to death because they worked too slowly.

At the end of the war, the Allied Forces tried and convicted four employees of Kajima Corp. and two police officers.

However, all of them were released without serving prison time.

About 260 relatives of workers, 55 surviving workers in China and two in Japan have asked Kajima to publicly apologize, to build museums in both Japan and China, and to pay each forced laborer ¥5 million in compensation.

"We have been struggling to press our demand for several years, but in vain," said Zhao. "Please help us. We place our only hope in the U.N., the organization of justice."

Lin Boyao, a Chinese living in Japan and supporting former Chinese forced laborers and relatives, said they will continue appealing to the international community. Lin said they believe the U.N. has the power to resolve the issue.

JAPAN TIMES　May 1,1994

◈「花岡事件」の生存中国人が証言　【ジュネーブ29日時事】当地で開会中の国連人権委員会部会で二十九日、戦時中、日本に連行され強制労働をさせられた中国人が証言を行った。

証言したのは秋田県・花岡鉱山に連行された趙満山さん(六八)＝中国・河北省在住。同鉱山は終戦直前の一九四五年六月、虐待に耐えかねた中国人労働者らが一斉ほう起し、殺害された「花岡事件」で知られる。

趙さんは四四年六月、父親とともに同鉱山へ連行された。趙さんは「虐待と過酷な労働で、毎日数人ずつ死んでいった」などと当時の様子を生々しく説明した。

毎日新聞　1994.5.1

花岡事件の生存者証言

【ジュネーブ29日＝時事】ジュネーブで開会中の国連人権委員会部会で二十九日、戦時中、日本に連行され強制労働をさせられた中国人が証言を行った。証言したのは秋田県・花岡鉱山に連行された趙満山さん(六八)＝中国・河北省在住。同鉱山は終戦直前の一九四五年六月、虐待に耐えかねた中国人労働者らが一斉ほう起し、鎮圧に当たった日本官憲によって殺害された「花岡事件」で知られる。

証言によると、趙さんは四四年六月、父親とともに同鉱山へ連行された。趙さんは「満足な食事や衣服も与えられず、少しでも反抗すると拷問された」「虐待と過酷な労働で、毎日数人ずつ死んでいった」などと当時の様子を生々しく説明。日本政府が関係者の処罰を行い、被害補償に応じるよう訴えた。

朝日新聞　1994.5.1

日本媒体关于赵满山参加被强掳中国劳工受害者代表第一次联合国会议的英、日文报道。

旅日华侨、神户华侨总会会长林同春，以他热爱祖国的一颗赤子心，毕生献身于爱国运动，多年来，从道义上、经济上给“花冈事件”调查活动以有力的支持。

华侨林伯辉（猪八戒）从大学时代就关注“花冈事件”，在艰辛的生活条件下，他把全部心力和财力投于对“花冈事件”历史的研究，调查掌握了大量珍贵的历史资料，这些资料成为“花冈事件”诉讼案的有力证据。

奈良市的老田裕美长期关注研究包括花冈事件在内的战争遗留问题，亲临中国各地调查取证300多次，为此作出了重大贡献。

日本强掳中国人思考会事务局长福田昭典长年如一日为花冈事件的解决奔走，积劳成疾，于2011年5月15日中年早逝。

2013年5月25日，川口和子律师在花冈受难者联谊会培训班授课。

“思考会”经常性地举办“花冈事件”史料展，不断把新的调查和研究成果公布于世。图为中国驻日大使馆的官员在参观展览。

中国人民抗日战争纪念馆馆长张承钧数十年如一日地支持花冈事件活动。图为他在大馆“花冈惨案”慰灵式上为死难者献花。

在日华人、自由制片人朱弘多年研究中日战争历史，成果颇丰。而且，在花冈活动圈里，他被公认为热心的“志愿者”。

1993年6月29日，在北京人民大会堂内举行的“花冈悲歌”会议上，日本参议院议员竹村泰子（右）、翻译刘晓春在花冈事件听证会上。

日本大阪大学教授杉原达（右二）会见前往日本诉讼的花冈劳工幸存者耿谆、李绍海，声援他们的正义之举。

保定志愿者杨文琪（左一）全身心投入花冈事件的一系列活动，天津烈士陵园殉难劳工名录墙的石材都是由他到处奔走亲自挑选来的。

华侨林和雄是花冈运动的一贯支持推动者。

王照月20多年如一日，从花冈事件调查至今，默默无闻地做了大量的后勤志愿工作。

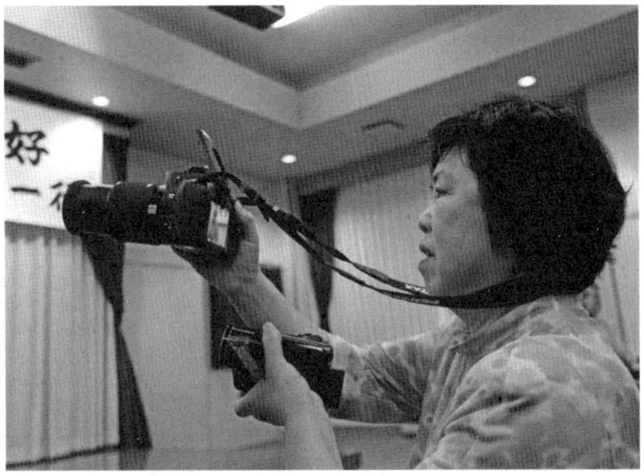

在许多的活动场合，总能见到山田泰子手拿摄像机、照相机记录的身影。

力讨公道

一、致函鹿岛

1989年，就解决“花冈事件”的问题，旅日华侨中日交流促进会秘书长林伯耀多次往返于中日之间。12月20日，林伯耀约请当时的“花冈受难者联谊筹备会”会长耿谆、副会长李介生、干事王敏、张肇国，在北京饭店进行交谈磋商。12月21日，正在北京访问的日本参议院议员田英夫会见了4位老人。12月22日，耿谆等4人以“花冈受难者联谊筹备会”的名义，自北京发出致鹿岛建设公司的公开信，首次正式提出鹿岛建设公司公开谢罪、建立纪念馆和补偿损失三项要求，从而拉开了战后中国民间对日索赔的序幕。

日本国会参议院议员田英夫（前右三）、耿文卿（前右一）、刘星（后右一）在北京会见耿谆、李介生、王敏、张肇国等四位老人，对他们即将向鹿岛建设公司提出的三项要求表示支持。

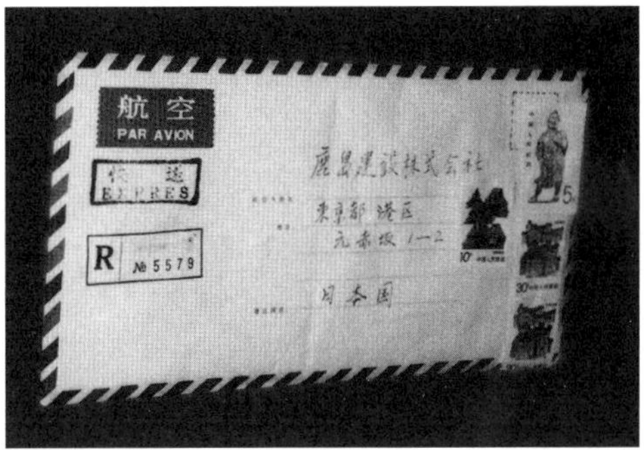

1989年12月22日，花冈受难者联谊会正式发出致鹿岛建设公司的公开信，自此，正式揭开了中国战后对日民间索赔的序幕。

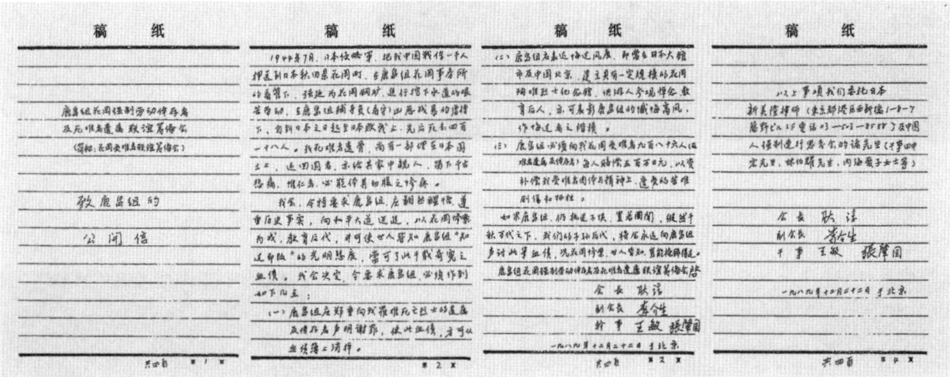

稿纸

鹿岛组花冈强制劳动幸存者及死难者遗属联谊筹备会
（简称：花冈受难者联谊筹备会）

致鹿岛组的
公开信

共四页 第1页

稿纸

1944年7月，日本侵略军，把我中国战俘一千人押送到日本秋田县花冈町，在鹿岛组花冈事务所的看管下，强迫为花冈铜矿，进行挖掘水道的艰苦劳动。在鹿岛组辅导员（看守）凶恶残暴的虐待下，自到日本之日起至日本战败止，先后死亡四百一十八人。我死难者遗骨，尚有一部埋在日本国土上，返回国者，亦给其家中亲人，留下千古悲痛。惟仁者，必能体其切肤之疼痛。

我会，今特要求鹿岛组，应翻然醒悟，遵重历史事实，向和平大道迈进，以花冈惨案为戒，教育后代，并可使世人皆知鹿岛组"知过即改"的光明态度，当可了此千载奇冤之血债。我会决定，今要求鹿岛组，必须作到如下几点：

（一）鹿岛组应郑重向我罹难死亡烈士的遗属及幸存者声明谢罪，使此血债，方可从血债簿上消掉。

第2页

稿纸

（二）鹿岛组应表达悔过风度，即应在日本大馆市及中国北京，建立具有一定规模的花冈殉难烈士纪念馆，使游人参观悼念，教育后人，亦可表彰鹿岛组的忏悔高风，作悔过者之楷模。

（三）鹿岛组必须向我花冈受难者九百八十六人（包括死难者及幸存者）每人赔偿五百万日元，以资补偿我受难者肉体与精神上遭受的苦难剥夺和牺牲。

如果鹿岛组，仍执迷不悟，置若罔闻，纵然千秋万代之下，我们的子孙后代，将会永远向鹿岛组声讨此笔血债，况花冈惨案，世人皆知，岂能抵赖得过。

鹿岛组花冈强制劳动幸存者及死难者遗属联谊筹备会启

会长 耿谆
副会长 李介生
干事 王敏 张肇国

一九八九年十二月二十二日 于北京

共四页 第3页

稿纸

以上事项我们委托日本新美隆律师（东京都港区西新桥1-8-7 藤野ビル1F 电话03-503-8588）及中国人强制连行思考会的诸先生（田中宏先生，林伯耀先生，内海爱子女士等）

会长 耿谆
副会长 李介生
干事 王敏 张肇国

一九八九年十二月二十二日 于北京

共四页 第4页

这是致鹿岛公司的《公开信》原件。

二、当面交涉

1990年6月，耿谆、李介生、王敏、张肇国、赵满山和遗属李香莲一行6人访日祭灵期间，于7月5日赴东京鹿岛建设公司本部，就花冈受难者联谊会致鹿岛公司公开信的三项要求，与公司副社长村上光春进行当面交涉，并发表共同声明。在声明中，鹿岛公司承认对"花冈惨案"负有责任，并表示了"谢罪之意"，对有关补偿等事宜，因"现在还没有达成一致的意见"，决定留待今后继续协商。日本新美隆和内田雅敏律师、田中宏和内海爱子教授、华侨林伯耀再次接受耿谆等幸存者的委托，作为986名花冈劳工代理人，日后与鹿岛公司继续交涉。

鹿岛建设公司副社长村上光春（左一）、玉川专务（中）、法务部长栗田躬范（右一）在公司本部出迎耿谆等的到来。

花冈受难者联谊会代表耿谆、王敏步入鹿岛建设公司。

当面交涉后，举行了记者招待会。众议院议员佐藤敬治（左一）、参议院议员田英夫（左二）出席了记者招待会。鹿岛建设公司副社长村上光春（右一）、法务部长栗田躬范参加记者招待会。新美隆律师（左三）在发言时指出：绑架中国人实行强制劳动，无偿占有他们的劳动成果，并且，在战后鹿岛建设公司还从国库得到大量补偿金，这种不义之财应该退还给牺牲者。他还认为，国家、政府间的赔偿问题即使解决了，特殊受害者仍有权利要求赔偿，并列举了二次大战后的国际惯例加以说明。

记者招待会上的耿谆（前左）和鹿岛公司副社长村上光春（前右）。
耿谆以大量的铁的历史事实，针对鹿岛建设公司的狡辩，进行了义正词严的发言，使得村上光春哑口无言。

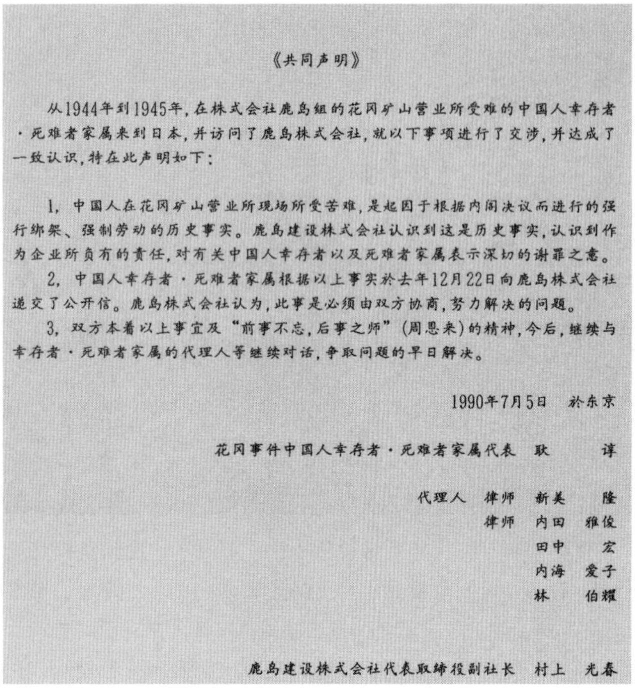

《共同声明》

从1944年到1945年，在株式会社鹿岛組的花冈矿山营业所受难的中国人幸存者·死难者家属来到日本，并访问了鹿岛株式会社，就以下事项进行了交涉，并达成了一致认识，特在此声明如下：

1，中国人在花冈矿山营业所现场所受苦难，是起因于根据内阁决议而进行的强行绑架、强制劳动的历史事实。鹿岛建设株式会社认识到这是历史事实，认识到作为企业所负有的责任，对有关中国人幸存者以及死难者家属表示深切的谢罪之意。

2，中国人幸存者·死难者家属根据以上事实於去年12月22日向鹿岛株式会社递交了公开信。鹿岛株式会社认为，此事是必须由双方协商，努力解决的问题。

3，双方本着以上事宜及“前事不忘，后事之师”（周恩来）的精神，今后，继续与幸存者·死难者家属的代理人等继续对话，争取问题的早日解决。

1990年7月5日　於东京

花冈事件中国人幸存者·死难者家属代表　耿　谆

代理人　律师　新美　隆
律师　内田　雅俊
田中　宏
内海　爱子
林　伯耀

鹿岛建设株式会社代表取締役副社长　村上　光春

这是双方谈判后发表的1990·7·5《共同声明》。声明中，鹿岛公司首次承担关于强掳中国劳工问题企业所负有的责任，并表示了谢罪之意。

日本新闻媒体关于“花冈事件”谈判交涉的报道。

三、谈判无果

1992 年 7 月 3 日，花冈受难幸存者李克金、柳寿欣和遗属孙力赴日祭灵期间，再就公开信的三项要求与鹿岛建设公司村上光春等进行谈判交涉，村上却再以种种理由搪塞而不承担责任。交涉又以无任何结果告终。

1994 年 10 月 25 日，耿谆、王敏一行再度赴日本鹿岛建设公司本部，与鹿岛建设公司副社长河相全次郎及其属下共 7 人进行谈判。此间，耿谆再次谴责鹿岛建设公司迫害中国劳工并指出其应对“花冈惨案”负责，而鹿岛建设公司又以中国放弃战争赔偿为由，表示不接受赔偿要求。谈判又一次无果而终。

1994 年 10 月 25 日，幸存者耿谆（右四）、王敏（右三），律师新美隆（右二）和内田雅敏（右一）等与日本鹿岛建设公司交涉。

鹿岛建设公司参加谈判人员，右四为副社长河相全次郎。

起诉在东京

1995年，具有重要历史意义的年头——

世界反法西斯战争胜利50周年；

二次世界大战结束50周年；

中国抗日战争胜利50周年；

“花冈惨案”的幸存者们更忘不了：1995年，“花冈惨案”50周年！

他们终于不能容忍，他们终于不再沉默！

1995年6月28日，在长达6年的谈判交涉无效后，以耿谆为首的11名“花冈事件”幸存者及死难者家属代表，委托新美隆等15位日本律师代理诉讼，正式向东京地方法院提出起诉，状告在日本侵略中国期间鹿岛建设公司残酷虐待中国劳工的罪行。

长达308页的起诉书，详细叙述了日本在侵华战争期间绑架中国劳工的历史，控诉了在战时经济体制下日本企业奴役和残害中国劳工的罪行，要求被告向原告各支付550万日元以及自诉讼书送达之次日起直至全部付清为止年利5分的延迟损害金，并承担诉讼费用。

1995年6月28日上午，“花冈事件”诉讼案原告团代表，幸存者张肇国、孟繁武、孟连祺、李铁锤、赵满山、遗属吕满云及原告律师团代表新美隆等进入东京地方法院。
耿谆因误机于当日下午抵达东京。

在递交诉讼状之后举行的记者招待会上，原告张肇国发言，强烈控诉鹿岛建设公司罪行，要求法院秉公执法，公正判决。

原告律师团团长新美隆在记者招待会上说，绑架奴役劳工为国际法所禁止，应该追究鹿岛建设公司的历史责任。

出席记者招待会的各国记者。

1995年6月28日，日本各报纸、广播、电视等新闻媒体均作突出报道。

花冈事件幸存者在东京提起诉讼

据新华社东京6月28日电 （记者江冶）花冈事件幸存者及死难者家属11人今天向东京地方法院提起诉讼，状告在日本帝国主义侵略中国期间鹿岛建设公司残酷虐待中国劳工的罪行。

1945年6月30日，在日本东北部秋田县花冈町（现大馆市），被日军抓来的700多名中国劳工不堪忍受工头的残酷剥削和压榨而发动起义，遭到日军警镇压，结果130余名劳工被日军警严刑拷打折磨致死。据统计，从1944年8月至1945年11月，在为鹿岛建设公司从事河道改造工程的986名中国劳工中，包括花冈事件死难者在内，共有418人丧生。

今天，以当年劳工队大队长耿谆为首的11名花冈事件幸存者及死难者家属步入东京地方法院，递上一份长达308页的起诉书，要求法庭能以公正的态度解决鹿岛建设公司与中国劳工之间的民间赔偿等问题。

起诉书还详细叙述了日本在侵华战争期间绑架中国劳工的历史，控诉了在战时经济体制下日本企业奴役和残害中国劳工的罪行。

为这次诉讼担任辩护律师团团长的新美隆在今天举行的记者招待会上说，绑架奴役劳工为国际法所禁止，应该追究与花冈劳工事件有关企业的历史责任。

外电报道中国要求日本给予个人赔偿

【合众国际社北京6月29日电】中国今天打破了长期以来在个人要求日本作出赔偿问题上保持的沉默，要求东京对它在二战中的暴行的受害者给予赔偿。

中国外交部发言人陈健说：“我们要求日本方面本着负责的态度认真对待这一问题，并合理地加以解决，包括给予必要的赔偿。”

有11位中国劳工今天在二战结束50年之际首次向东京法院提出起诉，要求给予战争赔偿。这些劳工在第二次世界大战期间受到了日本帝国军队的奴役，并被送往日本，被迫在极其恶劣的环境下工作。

陈健说，强迫中国劳工劳动并对他们进行奴役是日本军国主义者在侵略中国的战争中的暴行之一。

1972年，北京重新同东京建立了外交关系，并放弃了要求日本给予战争赔偿的权利。

北京对东京仍拒绝就其在二战中的所作所为作出明确的道歉表示愤慨。

【路透社北京6月29日电】北京今天要求日本对侵华战争的受害者进行赔偿，中国官方报纸继续谴责日军在50多年前犯下的种种罪行。

中国外交部发言人陈健在北京举行的一个新闻发布会上说，东京应该认真处理二战期间被迫去日本充当奴隶的中国劳工问题。

中国官方的《人民日报》29日用整版篇幅描述了日军在其侵略中国的14年时间里所犯下的种种罪行。

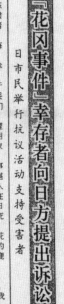

『花冈事件』幸存者向日方提出诉讼

日市民举行抗议活动支持受害者

【时事社东京6月28日电】题：中国方面第一次就“花冈事件”向东京地方法院提出诉讼，要求给予赔偿

11名“花冈事件”的中国幸存者和遗族28日以鹿岛建筑公司为被告，向东京地方法院提出诉讼，要求给每人赔偿500万日元的损失。

鹿岛建筑公司在1990年曾向由幸存者们成立的“花冈受难者联谊会”道歉，承认负有责任。但后来，关于具体赔偿办法的谈判一直未能达成妥协。在战后50周年的本月，幸存者们决定再次来日本起诉。

根据诉讼的进展情况，通过审理也有可能追究当时内阁会议决定利用中国人以补充国内劳动力不足的国家的责任。

该事件的具体情况是，当年从事花冈川水路改道工程的中国人等不堪忍受残酷的劳动条件，杀害了日本人监工而逃亡，结果遭到镇压。包括在事件中牺牲的人在内，被强行带往日本的近1000名劳工中，有400多人死亡。

【共同社东京6月28日电】在“花冈事件”的幸存者们上诉要求赔偿的28日这天，市民们从早晨起聚集在鹿岛建筑公司总部前散发抗议传单。

参加这次抗议活动的约有30人。传单上写有“鹿岛立即赔偿”等内容。一位名叫井户田康敬的抗议者说，“我在两年前开始对花冈事件感到关心。越了解越感到事件的残酷。鹿岛应当诚心诚意地赔偿。”

参加这天抗议活动的负责人福田昭典说，“鹿岛建筑公司有必要在幸存者健在的时候把问题解决。今

1995年7月1日新华社报道和《参考消息》刊登的外电报道。

起诉当天，日本各界市民在鹿岛建设公司门前（上）和东京街头（下）举行抗议活动，声援中国劳工幸存者状告鹿岛建设公司的正义行动。

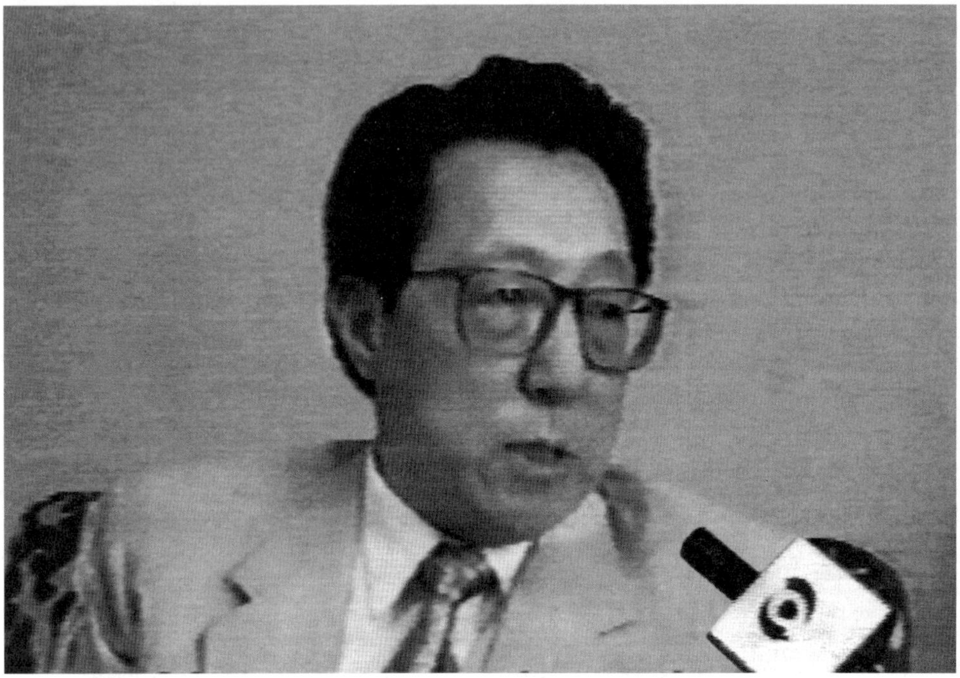

就1995年6月28日开始的“花冈事件”诉讼案，中国外交部发言人陈健在接受中央电视台“焦点访谈”记者采访时说：“在二次世界大战期间，日本军国主义发动了侵华战争，给中国人民带来了深重的灾难。在战争期间，强征中国劳工也是日本军国主义所犯下的严重罪行之一。当然，这涉及到战争赔偿问题。对这个问题，我们中国政府在1972年中日联合声明中已经作了明确的表示，这一点我们中国政府的立场没有改变。但是对像强征和奴役中国劳工这样一个历史遗留下来的问题，我们要求日方以负责的态度认真地对待，妥善地处理，包括给予必要的应有的赔偿。”

当年“东京大审判”的中方首席法律顾问、国际大法官倪征日奥，在关于“花冈事件”诉讼案接受中央电视台采访时说，这些受害者提出的赔偿要求完全是有根据的合理要求，理应受到支持。

“花冈事件”诉讼案原告团

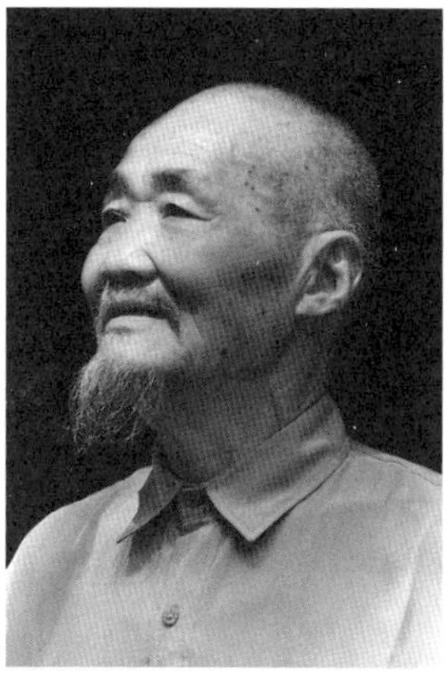

幸存者 耿谆
河南省襄城县

幸存者 王 敏
河北省定州市

幸存者 张肇国
河南省社旗县

幸存者 赵满山
河北省保定市

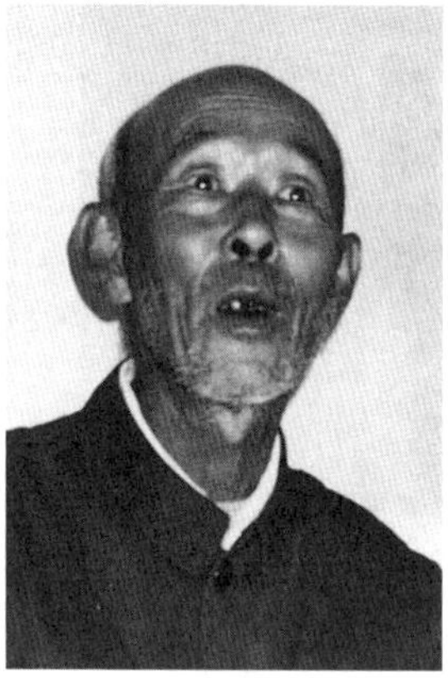

幸存者 孟连祺
河北省定兴县

幸存者 孟繁武
甘肃省永靖县

幸存者 李绍海
山东省新泰县

幸存者 李铁锤
河北省新乐县

幸存者 李克金
湖北省洪湖县

另有：遗属 杨彦钦（北京市宣武区） 孙 力（江西省南昌市）

“花冈事件”诉讼案原告律师团

新美隆

内田雅敏

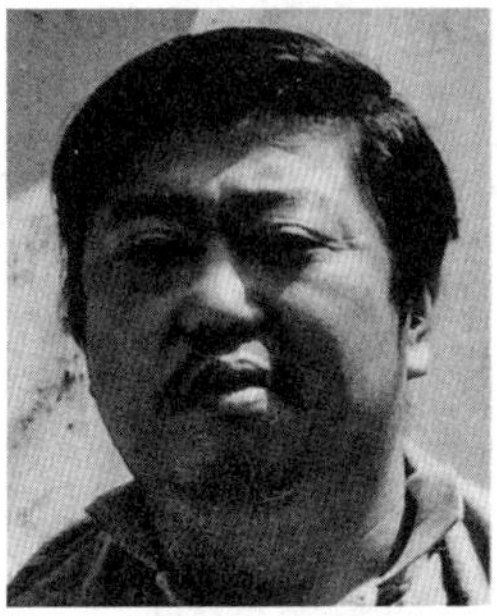
清井礼司

芳永克彦

铃木宏一

上本忠雄

川口和子

丸山健

川田繁幸

藤泽抱一

渡边智子

另有：

伊藤治兵卫
高桥耕
水谷贤
金敬得
庄司昊
足立修一

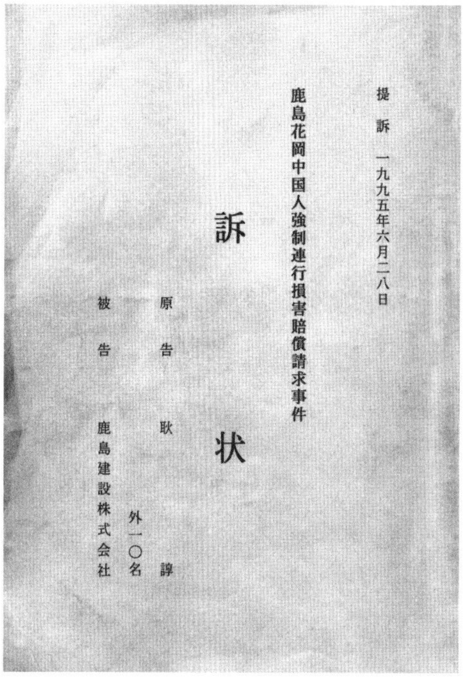
提訴　一九九五年六月二八日

鹿島花岡中国人強制連行損害賠償請求事件

訴　状

原告　耿諄　外一〇名

被告　鹿島建設株式会社

1995年6月28日，中国劳工幸存者向东京地方法院递交的诉讼书。

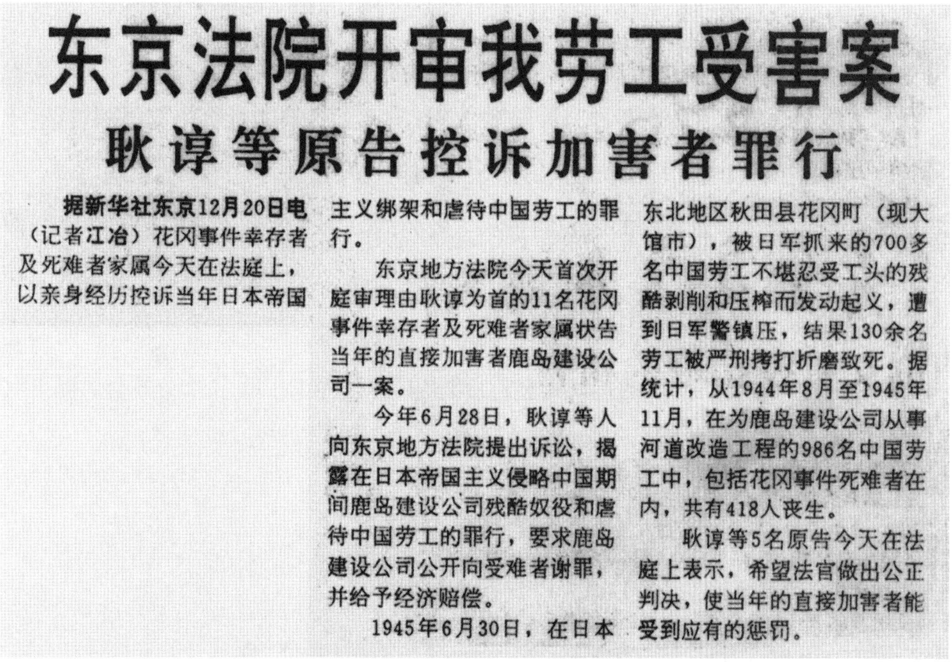
东京法院开审我劳工受害案

耿谆等原告控诉加害者罪行

据新华社东京12月20日电（记者江冶）花冈事件幸存者及死难者家属今天在法庭上，以亲身经历控诉当年日本帝国主义绑架和虐待中国劳工的罪行。

东京地方法院今天首次开庭审理由耿谆为首的11名花冈事件幸存者及死难者家属状告当年的直接加害者鹿岛建设公司一案。

今年6月28日，耿谆等人向东京地方法院提出诉讼，揭露在日本帝国主义侵略中国期间鹿岛建设公司残酷奴役和虐待中国劳工的罪行，要求鹿岛建设公司公开向受难者谢罪，并给予经济赔偿。

1945年6月30日，在日本东北地区秋田县花冈町（现大馆市），被日军抓来的700多名中国劳工不堪忍受工头的残酷剥削和压榨而发动起义，遭到日军警镇压，结果130余名劳工被严刑拷打折磨致死。据统计，从1944年8月至1945年11月，在为鹿岛建设公司从事河道改造工程的986名中国劳工中，包括花冈事件死难者在内，共有418人丧生。

耿谆等5名原告今天在法庭上表示，希望法官做出公正判决，使当年的直接加害者能受到应有的惩罚。

1995年6月28日，日本东京法院受理“花冈事件”幸存劳工及死难者家属状告当年直接加害者鹿岛建设公司一案。12月20日，东京地方法院首次开庭审理此案。这是来自新华社的报道。

艰难的诉讼

“花冈事件”诉讼案由东京地方法院受理后，于1995年12月20日第一次开庭审理。历时一年有余，在1997年2月3日的第七次开庭中，园部秀穗裁判长突然宣布终止审理。东京地方法院的粗暴行为，引起世人的普遍关注。

东京地方法院对“花冈事件”诉讼案的终止审理，在日本社会引起强烈震撼。2月3日当天，律师团立即提出抗议，并发表声明拒绝园部法官对此案的审理。

消息传到中国，原告团的老人们表示了极大的愤慨；世界各地的华人和友好和平团体也表现出强烈的义愤。一封封抗议、声援的电报从四面八方飞向日本。

2月19日，在东京新宿召开了由花冈裁判支援联络会议举行的旨在抗议园部庭长对花冈诉讼案暴力性结审的抗议集会。110名日本各界人士联名致函国会，提出对园部秀穗裁判长的弹劾请求，要求进行公正的审理。

第一次开庭：1995年12月20日

第二次开庭：1996年2月19日

第三次开庭：1996年5月13日

第四次开庭：1996年7月8日

第五次开庭：1996年9月30日

第六次开庭：1996年11月25日

第七次开庭：1997年2月3日

开庭仅10分钟，庭长突然拿出记录纸，宣布审理结束，然后退庭。

第一次开庭，台湾著名作家陈映真专程赴日声援花冈事件诉讼。

东京和平市民冒雨声援花冈事件诉讼。

鹿岛公司门口思考会组织的抗议声援活动。

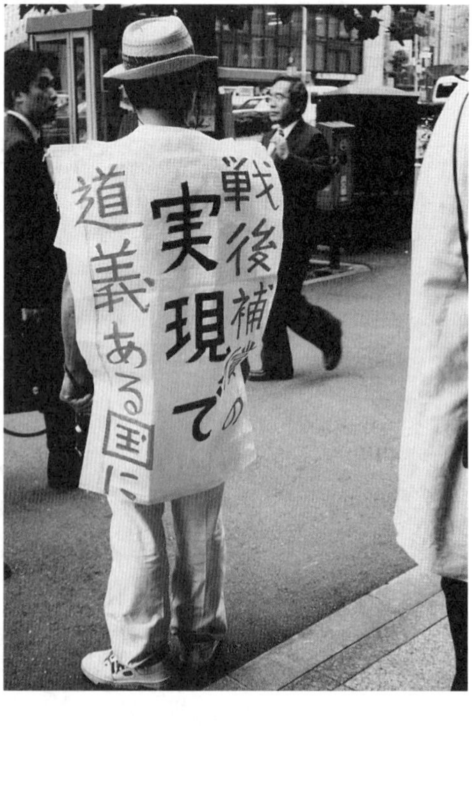

第七次开庭时的抗议活动场面。

日本通訊

「花岡事件」匆匆結審

本報特約記者 劉迪

不容陳述

昨日下午三時三十九分，花岡事件訴訟的裁判長園部秀穗宣布：法庭辯論結束，訴訟到此結審。記者看了一下手表，此時距開庭還不到十分鐘。法官聲音一落，東京地方法院五一一室所有旁聽的人都怔住了，繼而又爆發出不滿的議論，旁聽席上一位東京市民大聲說道，這種裁判是踐踏民主。

「這不但是對原告律師的侮辱，也是對正義、對法律的褻瀆。」審判後原告辯護律師新美隆先生在接受本報記者的專訪時激動地說，在他二十七年的辯護生涯中，第一次遇到這種拒絕律師陳述情況，他還說，這種做法極為反常，他將要求法院撤換裁判官。

新美隆律師出示了大量的原始資料的複印件。為了準備這一次開庭陳訴，新美隆律師赴中國、美國調查，收集了大量證明鹿島建設公司（當時的名稱為鹿島組）策劃強迫中國勞工勞動並對他們虐待的資料。他說，這些資料均證明鹿島建設公司在戰爭中強制中國勞工勞動，並對他們進行了慘無人道的虐待。

「但是，法庭不讓我們說話。」新美隆律師說。

各方聲援

第二次世界大戰結束前，被抓到日本秋田縣花岡礦區山受奴役勞動的中國工人舉行暴動，受到殘酷鎮壓。一九九五年六月，十一名事件的幸存者及遇難者家屬提起訴訟，控告鹿島組（現鹿島會社）虐待並殺害中國工人，要求賠償損害。

花岡事件訴訟舉世矚目。自一九九五年裁判開始以來，海外報刊、電視台給予廣泛報道。美國的一些組織也對該事件受害者的起訴予以聲援。例如洛杉磯的工會組織在他們的鬥爭口號中就提出，鹿島建設公司必須給受害者賠償。

雖然東京地方法院尚未發表正式的審判結果，但估計日本法院將根據民事侵權案件的訴訟時效為二十年的條文駁回原告。

困難重重

新美隆律師說，在戰後五十年後進行這個裁判，困難重重。其中最重要的是以下幾個問題。

首先是日本政府的態度。日本政府宣稱一切戰爭遺留問題已經完全解決。而事實上中日兩國宣布邦交正常化時，僅解決了國家的賠償問題，而民事裁判不在此例。

其次，日本的企業對自己的罪行知否認。戰爭期間共有四萬名中國勞工被強行抓到日本，其中四千人死亡，但日本企業在戰後大量銷毀、篡改、隱藏資料，致使收集證據極為困難。

這次審判可能是花岡事件受害者最後的機會，因為距事件發生已經五十年，受害者及見證人大多不在人世。正因為如此，日本東京法庭漠視原告要求極之令人遺憾。中國全國人民代表大會代表劉彩品女士在接受記者採訪時說，「這種（不讓原告充分陳訴的）審理方式是對花岡事件受難者的褻瀆，也是對中國人民的侮辱」。

【本報東京四日專電】

世人瞩目的“花冈事件”诉讼案，自1995年6月28日起诉，12月20日开庭审理，历时一年有余，6次审理无果。1997年2月3日，当第七次开庭不到10分钟，园部秀穗裁判长突然宣布终止审理，然后拂袖而去，使在场的人无不为之震惊。

上为香港《大公报》1997年2月5日发自东京的报道。

东京地方法院民事13部裁判长园部秀穗。

新美隆律师说："这不但是对原告律师的侮辱，也是对正义、对法律的亵渎。"新美隆还称，在他27年的辩护生涯中，他还是第一次遇到这种情况。他说，这种做法极为反常。

"思考会"和花冈裁判支援联络会议的抗议集会。

1997 年 7 月 3 日，参加慰灵活动的原告代表、幸存者和遗属代表同日本各界代表在鹿岛建设公司本部门前和东京地方法院门前举行抗议活动，强烈谴责鹿岛公司顽固不化和掩盖历史罪恶的暴行。

中国劳工幸存者、遗属和日本和平人士在东京地方法院举行抗议活动。日本强掳中国人思考会代表川见一仁（左）谴责东京地方法院非法终止审理的丑恶行径。

日本参议院田英夫议员："镇压'花冈暴动'是日本军国主义犯下的侵略罪行的典型事例之一，而有关当局对这一事件没有认真承担其历史责任，这是令人难以容忍的。"

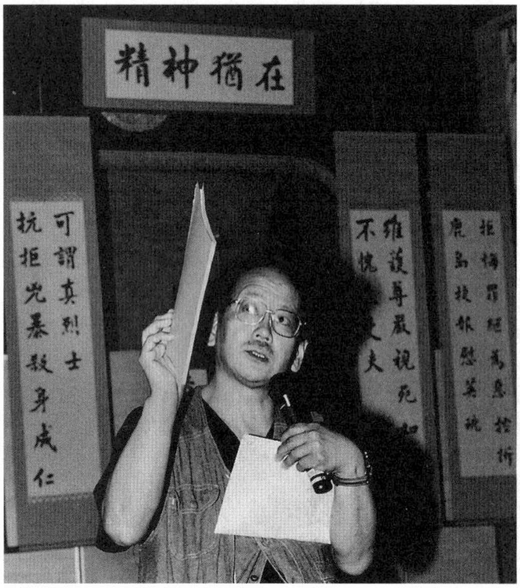

华侨林伯辉（猪八戒）：
"历史，能掩盖得了吗？"

花岡回音

主　办：花冈受害者联谊会
时　间：1997年4月1日
联络处：保定市建设南路付11号3—301号　　邮　编：071051

（第一期）

致会员

花冈受难者联谊会自成立以来，因为没有一个适当的活动园地和恰当的交流方式，因而信息不畅通，联络不及时，给工作带来诸多不便。为了适应形势的发展和斗争的需要，根据广大会员的要求，我们现创办《花冈回音》，作为花冈受难者联谊会的集体通信。

我们之所以起这个名字，是想把她办成51年前在日本花冈举行暴动的回音壁。她既是受难劳工在日本遭受奴役的回音壁，也是不甘屈服的中国劳工奋起反抗的回音壁；她既是暴动劳工被日本无理判决的回音壁，也是远东军事法庭对日本战犯正义审判的回音壁；她既是联谊会成立后向日本当局进行交涉的回音壁，也是受害者在东京起诉进行斗争的回音壁。目的让中国受难者听到日本和世界的历史回音，也让日本和世界听到中国受难者的呼唤和呐喊。

同时，《花冈回音》还担负着四项历史任务：

一曰学习的园地。她将引导和组织我们学习马列主义毛泽东思想，学习党和政府的有关政策和法律，学习世界各国受难者的斗争经验，学习和发扬花冈暴动的斗争精神。

二曰交流的基地。她将及时介绍国内外有关的斗争形势和斗争动向，通报东京诉讼的发展进程，交流有关的资料和信息。

三曰联谊的场地。花冈受难者近千人，包括家属上万人，集中在一起不可能，但"回音"可以使大家不见面而见心，联络感情，增进友谊，加深了解，促进团结。

四曰斗争的阵地。花冈受难者要为四万赴日劳工讨回历史公道，要为中华民族讨回民族尊严，就要通过各种形式进行斗争，揭露日本军国主义的侵华罪行，制止日本军国主义复活，追究侵略者的战争责任，正确处理战后遗留的劳工问题，促进中日两国人民真正友好和世界和平，"回音"便是我们的斗争阵地。

苍天在上，后土在下！
前事不忘，后事之事！
愿我们都来关心她！支持她！真正把她办成历史的回音壁！

通　知
凡花冈受害者及遗属见通知后请主动同联络处联系，并告知本人及遗属姓名、地址、邮编、电话等。

·1·

为加强花冈事件诉讼信息交流而创刊的《花冈回音》于1997年4月1日首发。

东京地方法院无端终止花冈诉讼审理，引发东京连续性的抗议活动。花冈事件诉讼原告之一的孟繁武（前排右一）愤怒控诉东京地方法院的可耻判决。

真理不屈。

——日本各地声援“花冈事件”诉讼的斗争

让历史告诉未来

东京，声援花冈事件诉讼的烛光游行。

在美国，抗议鹿岛公司的运动正在兴起。

历经整整半个世纪，仍是当年的加害、受害者，仍是当年的“花冈事件”，仍是再度由此而引发的诉讼案，难道就不会完结！

漫漫的历史告诉了人们什么呢?

美国著名历史学家唐德刚教授说：

“中国人民对日索赔活动，要在日本迫害花冈中国劳工一案上开路，是最理想的。”

这是中国人民要求日本政府，为侵略中国造成中国民间巨大死伤损害之后，还给中国人民公道的具体起点；

这是在日本法庭上揭露日本像鹿岛建设的大企业，勾结日本军国主义野蛮、凶暴、残无人性地榨取中国人民的血汗以自肥罪恶行径的一把利剑；

这是观察今天的日本政府、日本司法是否维护和平、民主、人权的一面镜子。

世界在关注——

花岡事件中国人生存者
鹿島建設株式会社代表
栗田常務は
撤回せよ
花岡事件生存者

族を代表して
役副社長
鹿島は
鹿島は
償せ
鹿島
3項目
川崎市職
遺族に
償せよ!

可耻的判决

1997年12月10日，东京地方法院将对“花冈事件”诉讼案作出最后判决。

12月6日，原告团代表耿谆、张肇国、孟繁武、赵满山一行抵达东京。

东京时间12月10日下午2时30分，原告团在新美隆、内田雅敏、清井礼司等8名律师陪同下，由东京地方法院侧边门进入103号法庭。

下午3时，民事13部裁判长园部秀穗入庭。仅仅用了10多秒时间，园部即匆匆宣布了判决结果，便又匆匆离席而去。

东京地方法院判决如下：一、驳回原告一切请求；二、诉讼费用由原告负担；三、对原告的再上诉，附加期为60天。

园部颠倒黑白的判决，令原告团、律师团和近百位旁听者大为震惊，随即爆发出一阵强烈的抗议声。耿谆怒不可遏，他面对整个法庭，声色俱厉地说：“这一判决有失公道，我们拒绝接受，并将继续斗争！”

1997年12月10日下午2时30分，原告团耿谆等4位代表和律师团赴东京地方法院，听取最后判决。

园部秀穗判决后，旁听席如沸腾之水，对法庭的抗议声此起彼伏。因法庭拒绝拍照，木野村间一郎用速写形式记录了这一场面。

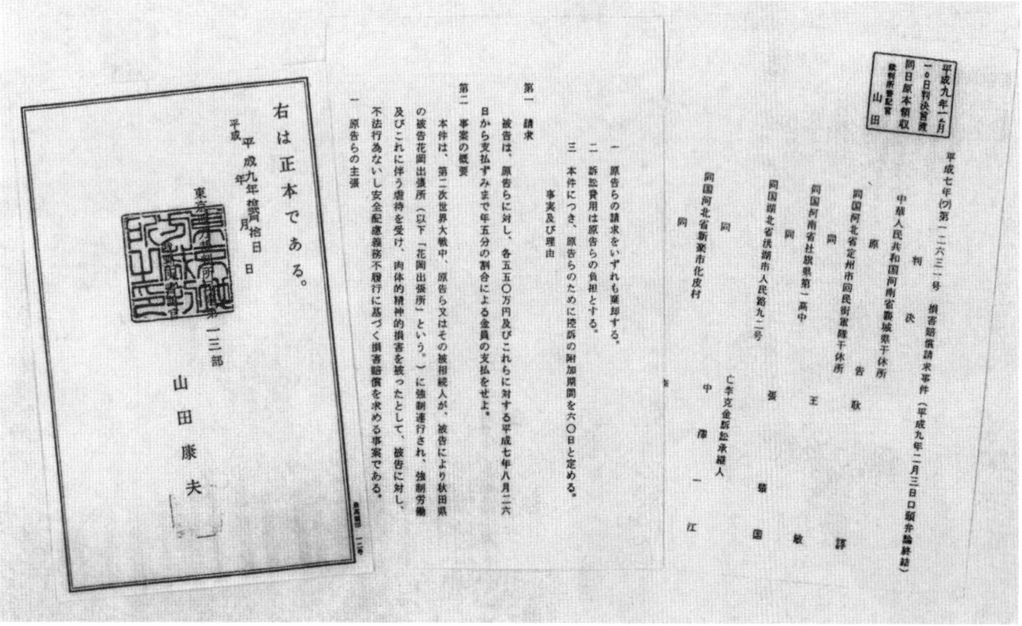

平成九年一月
一〇日判決言渡
同日原本領収
裁判所書記官
山田

平成七年(ワ)第一二六三一号 損害賠償請求事件（平成九年一二月三日口頭弁論終結）

判 決

中華人民共和国河南省鄢城県干休所
原 告 耿 諄
同国河北省定州市回民街軍隊干休所
同 王 敏
同国河南省杜旗県第一高中
同 張 肇 国
同国湖北省洪湖市人民路九二号
同 亡李克金訴訟承継人
同国河北省新楽市化皮村
同 中 澤 一 江

一 原告らの請求をいずれも棄却する。
二 訴訟費用は原告らの負担とする。
三 本件につき、原告らのために控訴の附加期間を六〇日と定める。

事実及び理由

第一 請求

被告は、原告らに対し、各五五〇万円及びこれらに対する平成七年八月二六日から支払ずみまで年五分の割合による金員の支払をせよ。

第二 事案の概要

本件は、第二次世界大戦中、原告ら又はその被相続人が、被告により秋田県の被告花岡出張所（以下「花岡出張所」という。）に強制連行され、強制労働及びこれに伴う虐待を受け、肉体的精神的損害を被ったとして、被告に対し、不法行為ないし安全配慮義務不履行に基づく損害賠償を求める事案である。

一 原告らの主張

右は正本である。

平成九年拾弐月拾日

東京地方裁判所民事第一三部

裁判所書記官 山田康夫

东京地方法院判决书文本。

1997 年 12 月 10 日下午 4 时，即判决后一小时，在东京地方法院记者招待会上，原告团展示写着“东京法院失公道，战犯鹿岛罪不容”的抗议标语，怒斥东京地方法院的不公正判决。

数十家各国新闻媒体报道了原告团的抗议活动。

新美隆律师在记者招待会上从法律的角度，批判东京地方法院的非法判决。他说，作为“花冈事件”，作为鹿岛公司强掳中国劳工并对其残酷虐杀的历史事实,是经国际军事法庭判定的历史事实。然而，法庭却竟敢无视这个事实，竟然连关于强掳中国劳工的事实都没有进行取证，就作出如此判决，这是明显地违犯国际法的。

专程赴东京声援“花冈事件”诉讼案原告团的台湾劳动人权协会会长吴荣元说:“东京地方法院的粗暴判决，使我们感到切肤之痛。我们要同战争犯罪行为作不懈的斗争，用正义来维护中华民族的尊严。”
左立者为大阪市声援代表墨面。

日本强掳中国人思考会代表、一桥大学社会学教授田中宏从社会和历史的角度，深刻揭露右翼势力妄图掩盖日本侵华历史的罪行，抨击东京地方法院无视历史事实，颠倒法律黑白的非法判决，呼吁人类社会对解决日本战后遗留问题加以关注。

1997 年 12 月 10 日下午东京地方法院的判决刚刚结束，参加旁听的与在法院门前等候的旅日华侨、中国留学生、日本和平友好团体，以及专程赴日声援的中国台湾和美国朋友等，即刻汇聚在一起，高举抗议标语，在东京街头、东京地方法院和鹿岛公司门前举行了声势浩大的抗议游行。

1997 年 12 月 10 日下午 5 时，“花冈事件”诉讼原告败诉的消息从东京电传台湾，愤怒的台湾同胞迅速组织抗议声援的游行集会和报告会。

新美隆律师发表谴责东京地方法院非法判决的演讲。

作家梶村太一郎专于德、日战后遗留问题的研究。关于本次判决，他说，这说明了日本司法本身缺乏对历史的认识能力，缺乏对战争和侵略的判断能力，10日的判决，是非常没有责任感的判决，是非常可耻的判决。

1997年12月10日晚，旅日华侨、日本各友好团体和世界声援团体，再次举行了旨在抗议东京地方法院非法判决的群众集会。与会者一致表示，我们要通过长期的不懈的努力，把历史的、法律的公道偿还给受害的中国人。

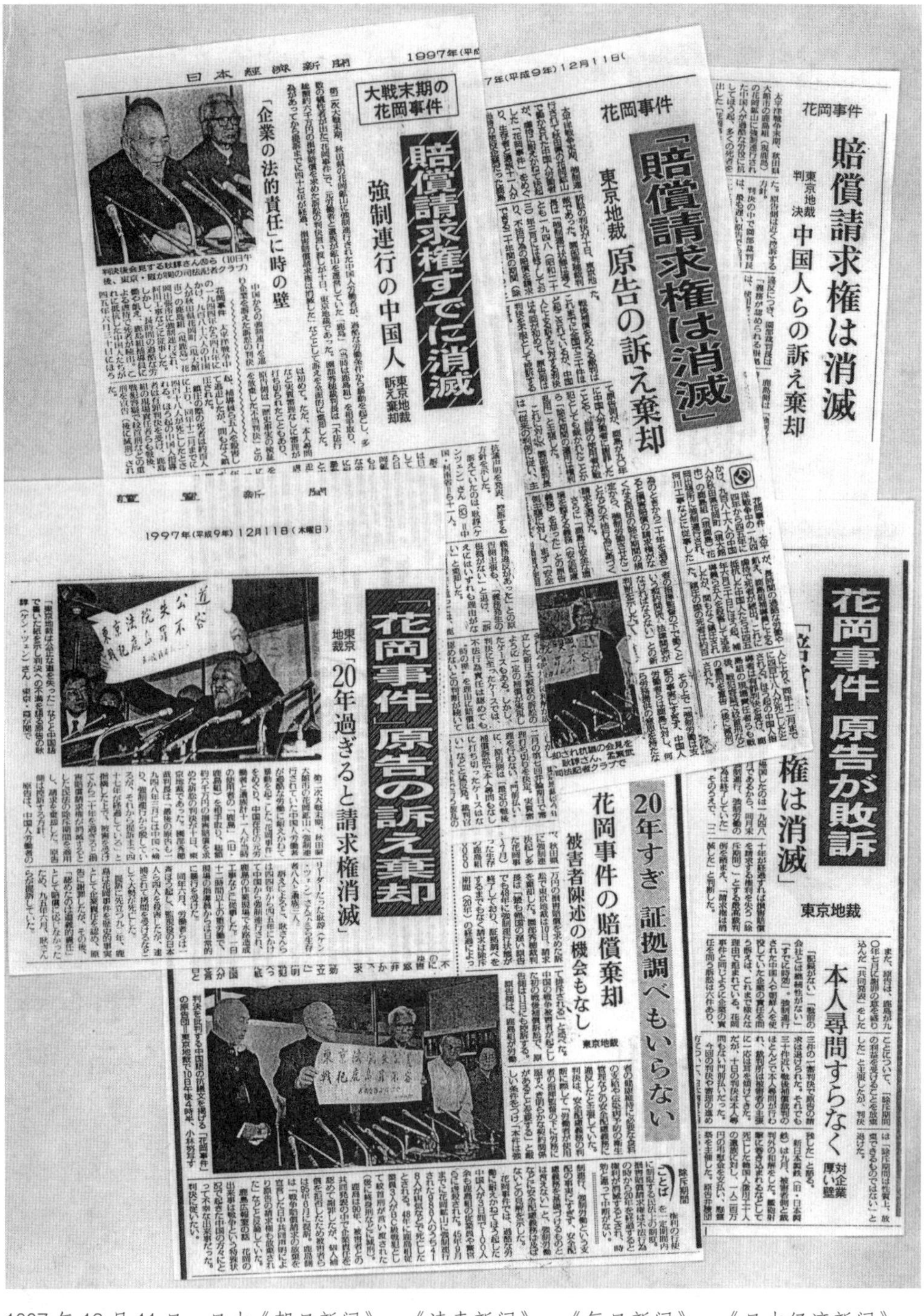

1997 年 12 月 11 日，日本《朝日新闻》、《读卖新闻》、《每日新闻》、《日本经济新闻》、《东京新闻》、《产经新闻》关于“花冈事件”诉讼案败诉的报道。

东京判决的第二天，新华社发出通稿，中国新闻媒体对“花冈事件”诉讼案遭遇的不公正判决予以广泛的报道。

1997年12月11日，原告律师新美隆接受英国BBC广播公司记者采访。他以无可辩驳的历史事实和大量国际法条文，揭露和批判东京地方法院本次非法判决的不正当行为，并向世界舆论表明支持原告上诉，直至公正结案的鲜明立场。

旅日华侨中日交流促进会秘书长林伯耀说："今年是中日关系的重要年头，一是抗日战争爆发60周年，二是南京大屠杀60周年，三是中日邦交正常化25周年，中日两国历史责任重大。而此刻居然出现对'花冈事件'诉讼案的如此判决，是对历史的再一次重复，这不能不引起中国人民和亚洲人民的深思和关注。"

土井多贺子（中排右五）、参议院议员田英夫（中排右三）、参议院议员清水澄子（中排右四）、参议院议员竹村泰子(中排右七)会见中国原告一行和律师团代表新美隆，鼓励他们不要气馁，继续斗争。

闻名于世的记述“南京大屠杀”的《拉贝日记》的作者拉贝的外孙女赖因哈特专程从德国前来东京参加声援花冈事件诉讼。

日本全国劳动组织协议会73个劳动组织联合集会，声援“花冈事件”诉讼团，并联合致函ILO（国际劳动组织），要求该组织依据国际禁止强制劳动条约，对包括“花冈事件”在内的日本企业在二战中强制劳工的犯罪行为，给予调查和赔偿。

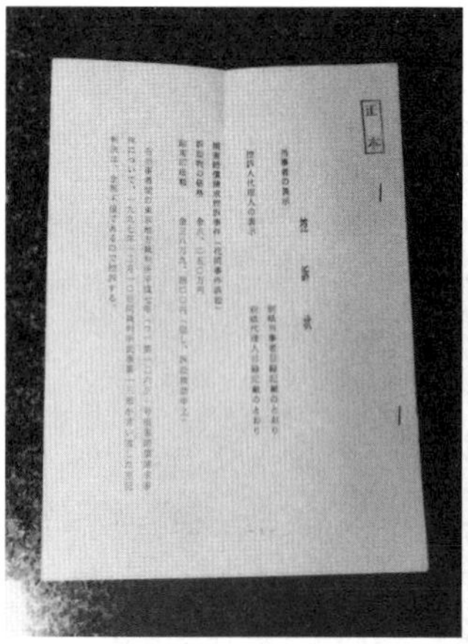

1997年12月12日，以耿谆为首的原告团不服一审判决，向东京高等法院递交控诉状，再度上诉。

原告团在控诉中提出三点诉讼请求：一、取消原判决；二、被告向原告各支付550万日元的赔偿；三、一审、二审的诉讼费用由被告负担。

东京高等法院已于同日受理此案。

达成和解

自1998年7月15日起，东京高等法院相继6次开庭，围绕诉讼的内容，由原、被告双方及其代理人之间进行法庭口头辩论。

1999年9月10日，东京高等法院第17民事部提出“职权和解劝告”。

1999年12月16日，中国红十字会作为“利害关系人”参与和解的实施。

2000年4月21日，东京高等法院第17民事部以文书的形式向当事者双方提示表明和解项目主旨的“和解劝告书”。

1999年(平成11年)12月17日　金曜日

花岡事件控訴審

中国赤十字会が参加

和解交渉

戦後補償に影響か

中3、校長ら

1999年12月16日，中国红十字会作为“利害关系人”参与和解的实施。

经过当事者双方代理人之间20次的协商，2000年11月29日下午2时，在东京高等法院第17民事部所设812号法庭，“花冈事件诉讼”最终达成和解。

依据和解书条款，鹿岛建设公司一次性支付5亿日元，委托中国红十字会设立“花冈和平友好基金”。本基金依照中日友好的观点，用于对986名受难者的赔偿、慰灵，遗属的自立、护理以及后代的教育等。

然而，就在达成和解的当天，鹿岛公司擅自发布了单方面的“鹿岛声明”，混淆赔偿金的性质，推卸鹿岛公司犯下的战时虐待中国劳工的罪行，对和解乃至以后的工作造成了极大的负面影响。对鹿岛公司这一顽固不化的态度，花冈受难者联谊会、旅日华侨中日交流促进会秘书长林伯耀，以及日本和平友好人士等相继发表声明和采取各种形式，对鹿岛公司予以了严厉的谴责。

2000年11月19日，新美隆、田中宏等专程赴北京，举行花冈事件诉讼案原告团报告会，就“和解”的内容进行了最后通报。原告团书写“讨回历史公道，维护人类尊严，促进中日友好，推动世界和平”的签名题字，表达对实现“和解”的期望。

花冈事件诉讼案律师团团长新美隆和翻译韩燕明专程赴河北省定州市向花冈受难者联谊会会长王敏通报花冈诉讼和解事宜，王敏表示同意和解。

2000 年 11 月 29 日下午 2 时，在东京高等法院第 17 民事部所设 812 号法庭，裁判长新村正人主持和解签字仪式，使花冈事件诉讼最终达成和解。
下午 3 时，原告律师团举行了记者招待会。

东京高等法院第 17 民事部裁判长新村正人。

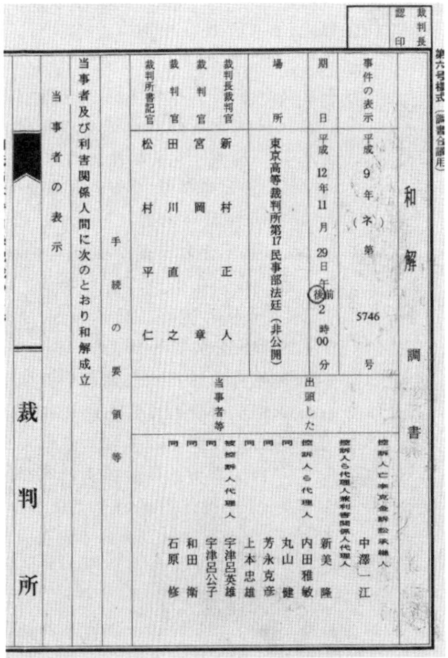

第六号様式（調書合綴用）

裁判長認印

和解調書

事件の表示	平成 9 年（ネ）第 5746 号
期日	平成 12 年 11 月 29 日午後 2 時 00 分
場所	東京高等裁判所第17民事部法廷（非公開）
裁判長裁判官	新村正人
裁判官	宮岡章
裁判官	田川直之
裁判所書記官	松村平仁

出頭した当事者等

控訴人亡李克金訴訟承継人 中澤一江
控訴人ら代理人兼利害関係人代理人 新美隆
控訴人ら代理人 内田雅敏
同 丸山健
同 芳永克彦
同 上本忠雄
被控訴人代理人 宇津呂英雄
同 宇津呂公子
同 和田衛
同 石原修

手続の要領等

当事者及び利害関係人間に次のとおり和解成立

当事者の表示

裁判所

这是双方达成的“和解书”

以下是双方达成的《和解条款》的内容

《和解条款》

平成九年(ネ)第五七四六号　损害请求诉讼事件

上诉人　耿谆　及另外十名

被上诉人　鹿岛建设株式会社

一、当事人双方再次确认平成二年(一九九〇年)七月五日发表的《共同声明》。但是被上诉人主张上述《共同声明》的宗旨并非被上诉人承认被上诉人的法律责任。上诉人告对此表示了解。

二、被上诉人为解决上述《共同声明》中的第二项问题，为向在花冈营业所受难的人们（以下称“受难者”）表示慰灵的心情，向利害关系人中国红十字会（以下称“利害关系人”）信托金钱五亿日元（以下称“本件信托金”）。利害关系人接受之，上诉人承认本项信托。

三、上诉人限于平成十二年十二月十一日之前，将本件信托金全额转入利害关系人代理人律师新美隆所指定的银行帐号中。

四、利害关系人（在本条中称“受托者”）将本件信托金作为“花冈和平友好基金”（以下称“本件基金”）加以管理，运用于以下事项。

1，受托者以本件基金的正确管理运用为目的，设立“花冈和平友好基金运营委员会”（以下称“运营委员会”）。

2，运营委员会由上诉人选任九名以内的委员构成，由委员的互相选任所指名的委员长代表运营委员会。但是，在上诉人希望出任委员时，可随时被指名为上述委员。

运营委员会的组织及信托事务的详细由运营委员会另行决定。

3，本件基金是基于日中友好的观点，用于对受难者的慰灵以及追悼、受难者以及死难者家属的自立、扶养伤病以及子弟的教育。

4，受难者以及死难者家属作为第二条记载的受益者，可根据运营委员会的规定，要求本件信托金的支付。

5，受托者在受难者以及死难者家属的就上一项所规定的支付作要求时，就本件信托金的委托者是被上诉人以及本件和解的宗旨之事作说明，取得上述支付的接受者的以承认本件和解为宗旨的意向书二份（有本人署名或记名盖章），其中一份交给被上诉人。

6，关于接受本件信托金的死难者家属的范围，对照死难者家属的实际情况，由运营委员会决定。

7，运营委员会为调查受难者及死难家属，关于本件和解的宗旨，在其他机关、团体的协力下，求得广泛彻底。

8，本件信托在达到其目的时，由运营委员会决定终结。此时的剩余财产处理方法由运营委员会决定。

五、本件和解是力图解决花冈事件所有悬案的尝试，具有包括上诉人在内的所有受难者和死难者家属确认关于花冈事件全部悬案解决，今后无论是在日本国内，还是在其他国家和地区放弃一切要求权的含义。

利害关系者以及上诉人保证在有上诉人以外的人向被上诉人进行补偿要求时，无论是第四项第5号中规定的是否是已经提出书面资料者，利害关系者及上诉人有责任解决此事，被上诉人不承担任何负担。

六、上诉人、利害关系者、被上诉人互相确认在本和解条款中所规定的事项以外，不存在任何债权债务。

七、用於一审、二审时的诉讼费用以及和解费均由各自负担。

八、本和解以日文版为正本。

《和解条款》中第一条的表述“当事人双方再次确认平成二年（一九九〇年）七月五日发表的《共同声明》”见本书第162页。《共同声明》第一条指出：中国人在花冈矿山营业所现场所受苦难，是起因于根据内阁决议而进行的强行绑架、强制劳动的历史事实。鹿岛建设株式会社认识到这是历史事实，认识到作为企业所负有的责任，对有关中国人幸存者以及死难者家属表示深切的谢罪之意。

（平成12年）11月29日 水曜日

花岡事件和解

鹿島の基金は5億円

戦後補償で最高額

中国赤十字に寄託

「花岡事件」和解

東京高裁 鹿島、救済へ

朝日新聞

毎日新聞

花岡事件 基金に5億円

鹿島と和解成立 中国人1000人一括救済

花岡事件、きょうにも和解

鹿島 元労働者に謝罪、補償金

日中友好新聞

中国人強制連行

花岡事件が和解

政府の責任明確化こそ重要

日本《朝日新闻》、《每日新闻》、《读卖新闻》、《东京新闻》等报纸，以及各电视新闻网等新闻媒体，对“和解”作了报道。

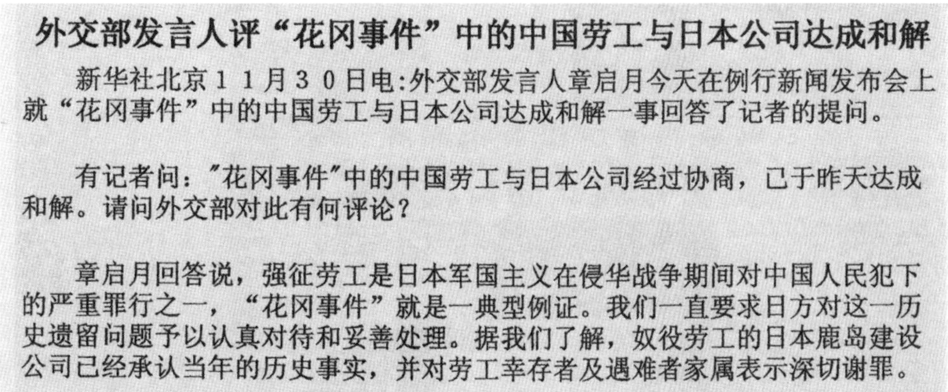

外交部发言人评“花冈事件”中的中国劳工与日本公司达成和解

新华社北京11月30日电：外交部发言人章启月今天在例行新闻发布会上就“花冈事件”中的中国劳工与日本公司达成和解一事回答了记者的提问。

有记者问：”花冈事件”中的中国劳工与日本公司经过协商，已于昨天达成和解。请问外交部对此有何评论？

章启月回答说，强征劳工是日本军国主义在侵华战争期间对中国人民犯下的严重罪行之一，“花冈事件”就是一典型例证。我们一直要求日方对这一历史遗留问题予以认真对待和妥善处理。据我们了解，奴役劳工的日本鹿岛建设公司已经承认当年的历史事实，并对劳工幸存者及遇难者家属表示深切谢罪。

12月1日的中国新闻媒体对“花冈事件”和解予以报道。中国外交部发言人章启月就“花冈事件”中的中国劳工与鹿岛公司达成和解一事回答了记者的提问。

2000 年 12 月 1 日晚，律师团和“强掳中国人思考会”在全水道会馆举行报告集会，向日本社会报告“花冈事件”和解的经过。新美隆律师等十多名各界人士作了发言。

2000年(平成12年)11月30日　木曜日　14版　総合　2

花岡事件和解

戦後処理の大きな一里塚

「企業としても責任があると認識し、深甚な謝罪の意を表明する」

大平洋戦争末期に起きた花岡事件をめぐって、大手ゼネコンの鹿島と当時の中国人労働者・遺族との間で、そんな共同発表文がまとまったのは一九九〇年七月のことだ。

日本を代表する企業が戦時中の強制労働と虐待に対する責任を認め、解決に前向きの姿勢を示した。その事実は驚きをもって迎えられ、国内外から注目が集まった。

それから十年の歳月を経て、正式に和解条項が取り交わされた。

自主的な交渉では合意に至らず、舞台が裁判所に移る間に三人の原告が亡くなった。もう少し早く決着できていれば、という思いは残る。しかし何よりも、ここまでこぎ着けた双方当事者の労苦と、積極的に協議をまとめた東京高裁の努力に敬意を表したい。

和解内容の骨子は、中国赤十字会に鹿島が五億円を信託して、関係者の生活支援や育英資金、慰霊・追悼などの活動にあてるというものだ。裁判を起こした人だけでなく、事件にかかわったすべての生存者や遺族を対象としている点に大きな特徴がある。

企業に対する戦後補償裁判では、これまでに三件の和解が成立しているが、今回は救済の方法や範囲、企業が負担する金額などの点で画期的な意義をもつ。原告側の弁護士や支援者、鹿島、裁判所の三者が、記者会見や公表した所感の中でお互いの姿勢を高く評価しあったのは、その表れと言えよう。

この和解が、戦後補償という日本社会に突き刺さったトゲを抜いていく足がかりになれば、と願わずにはいられない。

社説

戦後処理問題を考えるとき、頭をよぎるのはドイツの取り組みである。当時の国家体制や戦後それぞれが採ってきた償いの手法が異なるため、両国を単純に比較できない面は確かにあるだろう。しかしそれでも、その軌跡に学ぶべき点は少なくない。

強制労働させられた人々に補償するため、今年七月に政府と経済界が共同で設立した「記憶・責任・未来」基金はその一例だ。この構想が今回の和解協議にも影響を与えたのは間違いない。

基金創設を定めた法律の中で、ドイツ企業は「当時の国策の下ではやむを得なかった」という立場を抜け出し、不正行為に関与したことへの歴史的責任を認めた。議会も「政治的、道義的責任」を踏まえ、「この記憶を将来の世代に伝える」と宣言している。

背景に、米国で起きていた責任追及の動きや、海外事業を展開していく企業戦略上の計算があったという指摘もある。だがそれらの事情を差し引いたとしても、意義が失われるものではあるまい。

今世紀中に起きた問題にけじめをつけ、不毛な対立や、いつ訴訟を突き付けられるとも知れぬ不安定な状態から決別する。

そうやって、新しい時代にふさわしい国や企業の姿を追求する方が、ほおかむりと先送りを繰り返し、みずから信頼を傷つけるよりもはるかに理にかない、また賢い姿勢といえまいか。

日本《朝日新闻》发表的题为《战后处理的一个里程碑》的社论。

中文導報

第354期　2000年12月7日（農曆庚辰年十一月十九日）
毎週木曜日発行　週報
定価250円（本体238円）
發行所：中文産業株式会社

中日戰後賠償訴訟首次和解

花岡事件受害者獲五億日元賠償金

在日本发行量最大的中文报纸《中文导报》关于“花冈事件”和解的报道。

2000年12月4日，新美隆、田中宏专程赴大馆市政府，就“花冈事件”和解一事向大馆市市长小畑元（右）作了汇报，小畑元市长表示满意。新美隆还向大馆市政府赠送了原告团题写诗句的条幅。

同日，新美隆、田中宏和大馆市劳动福祉会馆协议会事务局长谷地田恒夫、木越阳子到中山寮、共乐馆及“中国殉难烈士慰灵之碑”等处告慰中国劳工英灵。

2000年12月28日下午，新美隆、田中宏等赴北京，在中国人民抗日战争纪念馆举行“花冈劳工诉讼案报告会”，向关注诉讼案的中国抗日战争史学会会长白介夫以及中国史学界、法律界专家学者汇报“和解”的过程。

2001年3月27日，“花冈和平友好基金管理委员会”在中国红十字会召开新闻发布会，宣布从即日起“花冈和平友好基金”正式开始运营。
至此，“花冈事件”和解后的善后工作将进入一个新的阶段。

2001年3月27日，经由选举产生的“花冈和平友好基金管理委员会”在北京中国红十字会召开第一次会议，就基金的运营事宜进行讨论决定。

“花冈和平友好基金管理委员会“由下列人员组成：

田中宏　日本强掳中国人思考会代表，任基金会委员长

苏菊香　中国红十字会秘书长（王小华代理）

李绍海　“花冈事件”幸存者

王　红　“花冈事件”受难者遗属

林伯耀　旅日华侨

新美隆　“花冈事件诉讼案”律师团团长

基金管理委员会成员：新美隆（左一）、田中宏（左二）、林伯耀（左四）、委员会翻译韩燕明（左三）。

基金管理委员会成员：王红（左一）、李绍海（左二）、王小华（左三）、张虎（中国红十字会官员，任基金管理委员会事务局长）。

花冈受难者联谊会坚决支持花冈和解的声明

花冈事件赔偿诉讼是艰苦曲折的。1989年12月花冈受难者联谊会向鹿岛公司发出公开信，提出了三项要求：（1）承认历史事实向受害者谢罪；（2）建立纪念馆；（3）赔偿。同时，委托日本律师新美隆、内田雅敏，学者田中宏、内海爱子和旅日华侨林伯耀与加害企业鹿岛公司进行交涉。通过激烈交涉，于1990年7月5日双方达成共识，发表了《共同声明》，迫使鹿岛公司不得不表示谢罪，但赔偿问题并没有得到解决。1995年6月28日，11名原告代表全体受害者，正式向东京地方法院提起诉讼。但1997年12月10日东京地方法院却以超过诉讼时效为由，宣布原告败诉。随后，原告方立刻又向东京高等法院提出了上诉。

1999年7月，东京高等法院以职权劝告和解（即庭内调解）。律师团和华侨马上来到北京征求原告和联谊会干事会的意见，通过充分讨论，大家认为这是一次值得抓住的机会，为了从大局出发、切实取得斗争成果，应该积极争取调解成功。8月13日由耿谆起草了“委托书”，经花冈受难者联谊会干事会及花冈诉讼案全体原告签名同意，“委托新美隆等人组成的律师团全权代表开展法庭调解”。其中，考虑不仅是解决11名原告的诉讼，而是为解决986名全体受难者的问题。

此后，律师团提议用信托方式来解决诉讼问题，同时，向曾参与过遗骨送还工作的中国红十字会提出作为受托人参与和解的请求。同年12月16日经中国红十字会研究决定同意作为受托人参与和解。

2000年4月21日，东京高等法院提出“和解劝告书”（即调解书纲要），主要内容是双方在确认90年“共同声明”的基础上，由鹿岛公司出资5亿日元，委托中国红十字会总会设立花冈和平友好基金，以解决久拖不决的赔偿问题。随后代理人飞到北京汇报了详细情况。经原告和联谊会干事会认真讨论后一致同意接受和解劝告书的内容，并在耿谆起草的“对东京高等法院2000年4月21日所提出的和解劝告书的内容我们花冈受难者作为控诉人一致同意”的“同意书”上签了字。2000年11月和解成立前，代理人再次到北京与全体原告商讨法院的最终和解方案，经大家认真讨论，一致同意接受和解方案，并提出增加基金委员名额。

当时，原告们的心情是复杂的，原告们为多年的努力取得了成果而感到欣慰的同时，也为这个结果与当初的要求有一定距离而犹豫过，最后大家之所以统一了认识，接受了和解的主要的理由如下：

一是和解条款中，明确写到，当事人双方再次确认1990年7月5日的《共同声明》。《共同声明》的主要内容是：鹿岛公司承认花冈事件缘由中国劳工被强征并被强制劳动的历史事实，承认作为企业也有责任，并对中国劳工幸存者及遇难者遗属表示深切的谢罪。这就从法律文书上明确了加害企业是在谢罪和承认企业责任的基础上接受和解的，实现了我们的政治目标，讨回了公道，维护了尊严。

二是受害者年事已高，幸存者越来越少，长期诉讼下去会更加困难，多数人也没有条件都去日本诉讼，而通过和解设立花冈基金，一揽子解决花冈事件的方式可以让原告和所有花冈受难者都得到同等的利益，能够满足年迈的幸存者及遗属希望在有生之年看到曙光、得到安慰的心愿。

三是在日本政府，企业还顽固拒绝谢罪赔偿的严峻现实下，这一和解为相关诉讼，为战后遗留问题的早日解决找到了一个突破口，开了第一个先例，提供了可供借鉴的新途径。取得了阶段性的初步胜利。这个成果有利于我们和更多的受害者今后进一步追究日本政府和其他加害企业的责任。

花冈和解来之不易，为了表达原告们赞成和解的心声，最后还由耿谆书写了《为花冈事件和解成功献言》“讨回历史公道、维护人类尊严、促进中日友好、推动世界和平”的条幅，经大家签字后，让我们的律师带回日本发表。

和解达成后，12月27日在北京召开了包括原告在内的联谊会扩大干事会。日本律师团、日本友人、旅日华侨专程从日本赶来参加了这次会议。全体通过认真的讨论，与会者再次确认和解内容，一致同意和解。原告和花冈联谊会的代表通过民主选举，选出了基金管理委员会委员，基金管理委员会成立。基金的分配，发放，管理运营等各项活动都是在征求受害者意见的基础上，在我们自己的委员的亲自主持下进行的。

但是，由于一些人不了解和解经过和极个别受害者不能正确认识和解的意义，在对和解的认识上与我们有差异，社会上出现了对和解的一些误解和没有事实根据的传言，造成了不良影响，极个别的原告和遗属对和解提出了异议。不过，这并不能代表广大受害者的意见。截止到2003年9月底，已经确认了400多位受害者，其中已有399人领取了赔偿金，其余的正在办理中。在这段时间里，有三百余封肯定和解并对在花冈斗争中作出贡献的人士表示衷心感谢的信件，另有二十余人赠送了锦旗、条幅。

以上事实足以证明和解的结果得到了大多数花冈受害者的认可。在中日专家的研讨会上和《强掳、诉讼、和解——花冈劳工惨案始末》一书中，专家、学者都提到：五亿日元实质的性质当然是赔偿，因为这个诉讼是请求赔偿的诉讼，是经过法庭以职权调解获得的钱，是具有法律效力的、有强制性的。日本报纸用的“救济”一词也是指司法救济，专家还特地说明：司法救济并不同于对贫困者的救济，它作为司法用语有特定的意义：即从“无法行使（法律上的）正当权利”的状态或“无权利状态”恢复到“能够行使（法律上）正当权利的状态”。

但是，达成和解的当天鹿岛公司却又私下在网上发表了歪曲历史事实、否认对中国劳工的虐待和奴役的辩解文（该辩解文并没有法律效力），针对此辩解文花冈受难者联谊会及声援花冈诉讼的团体等向鹿岛公司提出了强烈抗议。“鹿岛和解后的单方面的声明是没有法律效力的、无法推翻法院认可的具有法律效力、也就是说有强制力的和解条款。所以不能以鹿岛在单方面声明中的态度来评价双方同意的和解内容和联合声明”（从中国社会科学院法学研究所研究员林欣的论文引用）（在联合声明里鹿岛公司明确承认企业责任表示深切的谢罪之意）

2001年6月，作为基金第一项活动中国红十字会秘书长苏菊香女士和31名受难的幸存者及家属参加了由大馆市政府举办的慰灵仪式。鹿岛公司派常务董事第一次参加此活动，在会上花冈联谊会代表当面向鹿岛表示了抗议，要求立刻撤消其在网上登出的辩解文。在联谊会及各方人士的强烈抗议下，于2002年 的花冈慰灵仪式上，鹿岛代表当场宣布已经从网上彻底撤消了其单方面的辩解文。

正因为和解得到的金钱是赔偿金性质，中日两国税务部门才特地为我们实行了免税措施。作为受害者我们领取这笔钱是应该的，接受和解是正当的，根本谈不上是接受加害者的施舍，更谈不上有损民族尊严。当然，区区5亿日元并不能弥补受害者的实际损失，更无法让受难的亲人再生，这个损失是任何数额的金钱都无法弥补的。但它是我们十几年斗争的成果，是加害企业在谢罪之后，以实际行动承担责任的一个象征，是我们和许多中日人士通过坚韧不拔的长期奋斗争取来的。

和解能够成功，我们要感谢十几年来从物质上和精神上支持我们的旅日华侨、日本支援团体和中外友好人士，特别是花冈所在地的大馆市政府和市民。

我们更要感谢为此案尽了最大努力的日本律师，以新美隆为首的原告律师团为了受害者的利益不顾阻力，不辞辛苦，自费为我们交涉，辩护了十多年。1992年花冈受难者联谊会干事会曾提出，如得到赔偿，要用三分之一的金额补贴日本朋友和华侨们多年来在经济上的巨大支出。但是和解后，支援团体和律师团都没有领取分文报酬和诉讼经费，而是全部贡献给了花冈基金。

日本律师、日本朋友、华侨他们全额承担了诉讼和活动费用，而他们非常尊重我们受害者，总是认真倾听大家的意见，提供对我们最有利的建议，赢得了受害者的尊敬和信赖。

我们还要特别感谢中国红十字会，1953年，他们从日本把我们劳工难友和亲人的骨灰接回了祖国，2000年，他们又从人道主义精神出发，应受害者的要求，参与了和解，并从加害者企业那里接受了5亿日元，为我们设立了中日之间第一笔解决二战遗留问题的基金，之后，他们又参与基金管理，积极为受害者服务，每年带领受害者代表团赴日本参加追悼花冈遇难劳工的慰灵活动，认真地执行了和解后续任务。

最后我们还要感谢各地政府的支持，感谢新华社、中央电视台以及北京、山东、河南、河北等地的媒体，他们在和解后，积极报道基金活动，协助寻找受害者，我们还要感谢不少专家学者在理论上为阐明花冈和解的意义和消除对和解的误解所做的贡献。

对于那些对和解存有疑问和异议的人，我们尊重他们表达意见的权利，同时希望他们也能正视和尊重绝大多数当事人对和解做出的选择，并呼吁他们在公开表达意见时，认真确认有关事实，考虑社会影响，不要再随意侮辱，攻击我们信赖和尊重的律师、华侨和友好人士。

解决历史遗留问题的斗争任重道远，艰难曲折，希望有志于此的人士从大局出发，求大同存小异，团结一致，不断取得更优于花冈和解的成果。我们进一步坚定了继续追究日本政府的责任，斗争到底的信心。我们已于2002年7月向日本政府递交了“致日本内阁的信”。

我们花冈受害者及遗属也一定不忘难友和先辈的苦难历史，积极筹建劳工纪念馆，将先烈们前赴后继的精神一代一代的传下去，继续揭露日本政府和加害企业迫害中国劳工的罪恶，追究他们的责任，继续同日本否定、歪曲历史的右倾势力做斗争，为中日间确立真正的友好关系，为维护世界和平做不懈地努力。

附录：1、共同声明 2、和解条款 3、同意书 4、中国青年报文章《是赔偿金，不

是被告的慈善行为》

2003年10月26 日

花冈诉讼原告：

花冈幸存者及遗属：

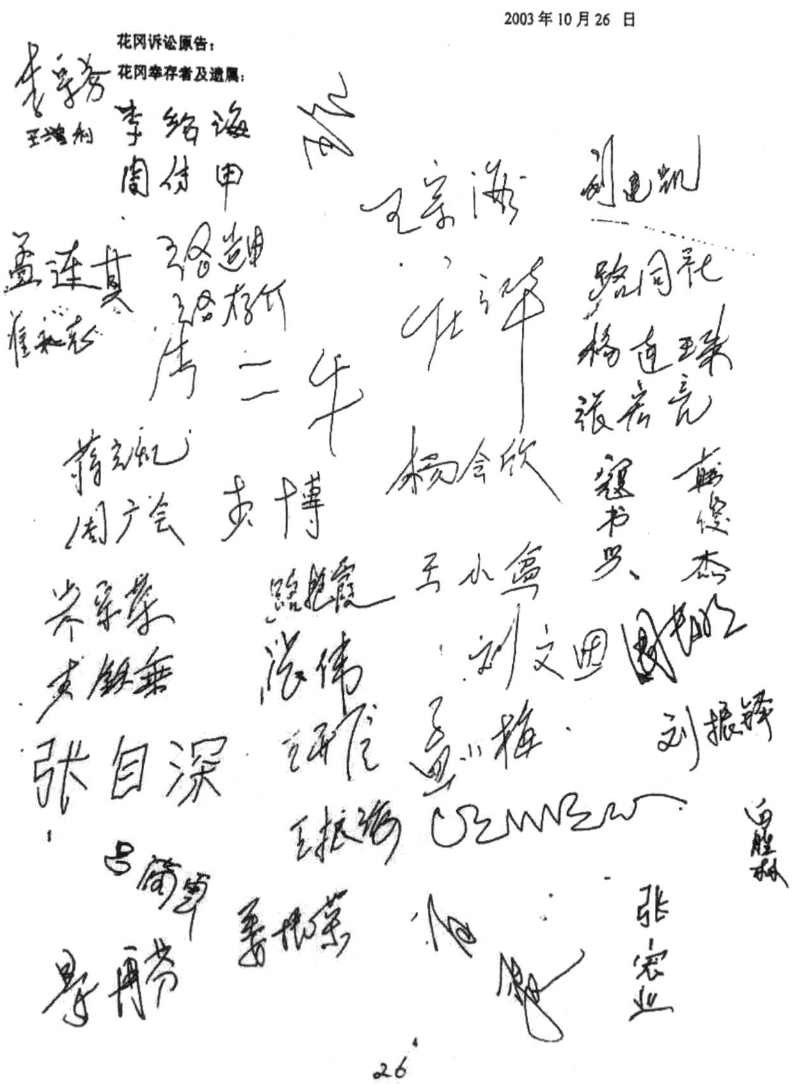

2003年10月26 日

花冈诉讼原告：

花冈幸存者及遗属：

赔偿金发放

自2001年3月份起，花冈和平友好基金的工作全面启动展开。

其主要包括了以下几个方面的工作：（1）资助慰灵活动；（2）支付信托金；（3）培养教育受难者的子女。

尤其作为其中主要内容的赔偿金发放工作同时进行。

根据和解条款的规定，在2001年3月26日召开的第一次基金管理委员会的会议上，确定了将赔偿金总额的二分之一发放给个人。由于考虑到外汇兑换的原因，为了平等起见，将向每位受难者发放25万日元。

截止2015年底，已经寻找到花冈受难者及其遗属520人，并为其中的485人发放了赔偿金。

2001年9月27日，在北京中国红十字会宾馆举行的赔偿金发放仪式上，田中宏向劳工幸存者发放赔偿金。

2002年11月30日，在河北省石家庄市举行的赔偿金发放仪式。

2002年11月29日，在山东省济南市举行的赔偿金发放仪式。

2003年9月24日，在河南省郑州市龙祥宾馆举行的赔偿金及教育金发放仪式。

花冈和平基金管理委员会事务局长张虎向劳工幸存者发放赔偿金。

“花冈和解研讨会”在北京召开

由中国社会科学院日本研究所主办的“花冈和解研讨会”于2002年4月24日上午在北京举行。中日关系史学会副会长朱福来、中国社会科学院法学院研究员林欣、前中日友好协会理事林波、前中国驻大阪总领事千昌奎、中日关系史学会副会長朱福来、上海同济大学法律系教授杨心明、清华大学法学院教授李旺、北京大学历史系教授王新生、外交学院教授陆建元、前北方工业大学校长王起祯、北京外国问题研究会东亚研究中心副主任宋淑萍，山东大学日本研究中心副主任林泓，花冈惨案幸存者李绍海、遗属王红以及国内多所大学的研究相关问题的专家、学者等约30人

“花冈和解研讨会”于2002年4月24日在北京举行。

中国青年报
China Youth Daily
4月26日
2002年

是赔偿金，不是被告的慈善行为
“花冈和解”首次专题研讨会在京举行

4月26日《中国青年报》报道。

中华日本学会副会长骆为龙主持会议并发表关于花冈和解历史和现实重要意义的主旨报告。

“花冈和解研讨会”召集人之一的中日民间文化交流中心主任张碧清发表关于花冈和解的演讲。

“花冈和解研讨会”结集出版的《强掳·诉讼·和解》一书。

参加了研讨会，就“花冈和解”问题发表了各自的见解，特别是作为法学界的权威林欣老研究员的出席另与会者欢欣鼓舞。这次研讨会是在中华日本学会副会长骆为龙和中日民间文化交流中心主任张碧清的召集下、由中国社会科学院日本研究所主办的，中日友好协会副会长肖向前先生也发来的贺词。在这次研讨会上，众专家学者认为，在日本这个特殊的社会环境和政治背景下达成的“花冈和解”，是一个突破口、是一个阶段性胜利，为其他的相关诉讼案件提供了案例帮助。特别是与会法律专家明确指出以下内容，此次和解获得的5亿日元是在鹿岛公司谢罪的基础上得到的，因其是经过法院进行确认过的、因此具有法律的约束性。所以它的性质是赔偿金，决不是被告的慈善行为。即使鹿岛公司在和解后单方面声明其不具有赔偿的性质，但因和解协议是在法院的主持下而达成，是无法否定其法理性的。

此次研討会结束后，整理与会者的发言及论文由北京的学苑出版社出版发行了《花冈劳工惨案始末—强掳·诉讼·和解》一书。

新的斗争

伴随着花冈和平友好基金访日团慰灵活动的深入进行，花冈受难者向日本政府追讨历史公道的斗争拉开新的序幕。

2001 年 6 月，中国红十字会秘书长苏菊香率第一次花冈和平友好基金访日团赴大馆参加慰灵活动。

日本鹿岛公司第一次派出常务董事中洞好博参加慰灵活动,并向花冈受难者“道歉”。

2002 年 6 月，中国红十字会副会长孙爱明率第二次花冈和平友好基金访日团赴大馆参加慰灵活动。

日本鹿岛公司再派东北支店长增渊晴男参加慰灵活动，又一次向花冈受难者“道歉”，并宣布撤消发布在其公司网站上的 2000 年 11 月 29 日“鹿岛公司声明”。

2002 年 7 月 2 日，访日团的劳工幸存者及其遗属在日本参议院发表“致日本内阁信”，表明花冈受难者要求日本政府向其谢罪、赔偿的立场。

2004 年 6 月，中国红十字会副秘书长汤声闻率第三次花冈和平友好基金访日团赴大馆参加慰灵活动。

2004 年 7 月 2 日，花冈受难者联谊会代表亲赴日本内阁府，当面递交“致日本内阁函”，并同时在国会参议院前举行静坐抗议，要求日本政府承担战时虐待中国劳工的责任，向所有的受害者谢罪、赔偿。

新的斗争开始了！

2001年6月：花冈和平友好基金第一次访日团

日本各界朋友及华侨举行欢迎晚宴并同访日团合影。

中国红十字会秘书长苏菊香（左二）、神户华侨名誉会长林同春（左三）、花冈和平友好基金会事务局长张虎（左一）拜会日本众议院议员、社民党党首土井多贺子。

苏菊香同日本著名政治家、参议院议员田英夫握手，对他为推动中日和平友好事业所作出的贡献表示感谢。

东京华侨总会会长殷秋雄发表讲话，表达东京华侨总会长期以来对花冈事件的关注和斗争的支持。

一直关注和支持花冈事件诉讼斗争的日中协会董事长白西绅一郎希望以解决花冈事件问题为契机，推进所有战争遗留问题的解决。

6月30日，大馆市政府在十濑野公园举行慰灵祭。苏菊香率访日团成员与日本及大馆市各界人士数百人参加了慰灵活动。

大馆市市长小畑元致悼词。

苏菊香致悼词并敬献鲜花。

花冈事件幸存者李绍海代表受难者致悼词。

中国驻日本大使馆官员邱国洪致悼词。

幸存者及遗属献花哀悼

苏菊香同幸存者及遗属在慰灵碑前合影

中洞好博，日本鹿岛建设公司常务董事、东北支店长。

2001 年 6 月 30 日，是达成和解后的第一次“花冈事件”慰灵祭。迫于中国受害者和日本友好人士的压力，鹿岛公司第一次派出中洞好博参加慰灵祭。在追悼活动结束后的记者招待会上，中洞发表了讲话，首次在公开场合向“花冈事件”幸存者及遗属表示“道歉”，承担了鹿岛公司虐待中国劳工的责任。

幸存者及遗属们在“日中不再战友好碑”前追悼中国死难者。

2002年6月：花冈和平友好基金第二次访日团

在6月30日举行的花冈事件57周年慰灵祭上。左起：大馆市市长小畑元，中国红十字会副会长孙爱明，中国驻日本大使馆官员刘少宾。

增渊晴男，鹿岛建设公司东北支店秋田营业所所长。

2002年6月30日，鹿岛公司派出其代表增渊晴男参加和解后的第二次“花冈事件”慰灵活动。在祭奠活动后的记者招待会上，增渊晴男发表书面讲话，再一次向中国劳工幸存者及其遗属表示“道歉”，并宣布撤消发布在公司网站上的2000年11月29日鹿岛公司单方面发表的歪曲事实的“鹿岛公司声明”。

在2002年7月2日于参议院举行的记者招待会上，花冈受难者联谊会代表王红宣读“致日本内阁信”。

王红请日本众议院议员保坂展人（右）代为向日本政府转交“致日本内阁信”。

2004年6月：花冈和平友好基金第三次访日团

参加6月30日大馆慰灵活动的花冈劳工幸存者及其遗属 。

中国红十字会副秘书长汤声闻（左三）和大馆市长小畑元（左二），中国驻日本大使馆新闻参事官黄星原（左四）在“慰灵式”上。

大馆市长小畑元和中国代表团成员合影。

焚上纸钱，告慰父亲的冤魂。

触摸着载有父亲名字的墓碑，呼唤着含冤死去的英灵，他们前来凭吊的子女们悲痛不止。

花冈受难者联谊会在东京向日本强掳中国人思考会内田雅敏赠送锦旗，对他们十几年来所给予花冈事件诉讼的大力支持表示感谢。

花冈受难者联谊会在大馆向NPO花冈和平纪念会川田繁幸赠送锦旗，表达“永久和平世代友好”的共同心声。

2004年7月1日，林伯耀、新美隆和花冈受难者联谊会代表王红拜会田英夫先生，通过他向国会转交由8万名中国人签名的请愿书和“致日本内阁函”。
同时，田英夫在接受中国新闻媒体采访时再次强调：强掳中国劳工问题是日本政府，军队，企业三位一体的罪行，必须彻底清算。

花冈受难者联谊会王红（右三）、翻译全美英（左一）向田英夫赠送锦旗。

花冈受难幸存者、遗属、旅日华侨、强掳中国人思考会及日本各界人士举行的悼念和听证报告活动。

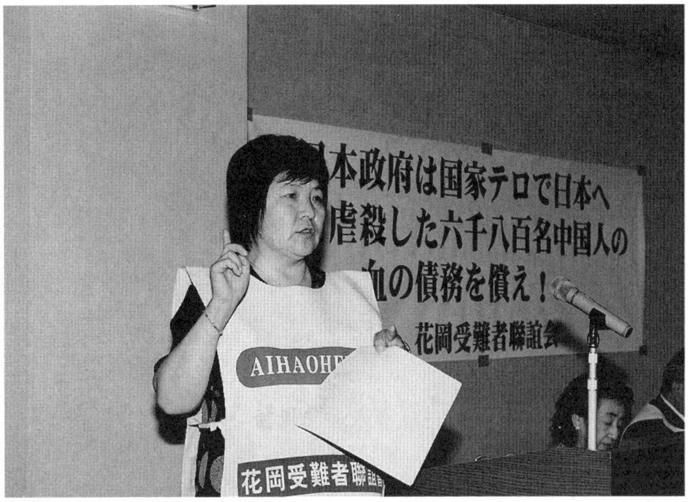

2004年7月2日，在于参议院议员会馆举行的新闻发布会上，花冈受难者联谊会代表王红宣读“致日本内阁函”并向日本政府提出请愿要求：一，日本政府必须对“花冈事件”进行积极的彻底调查，将全部事实真相公布于众；二，日本政府必须向花冈受难者谢罪和赔偿；三，在教科书中正确记载强掳中国劳工的事实，以便教育下一代，更好地促进中日友好事业。

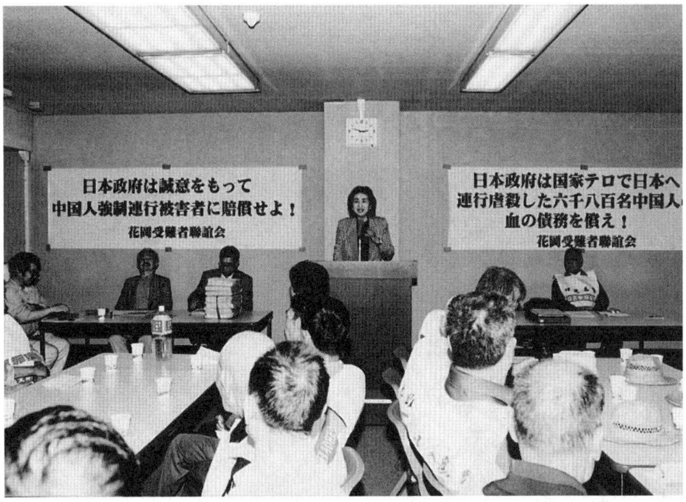

日本参议院议员大胁雅子致词说，自己作为议员长期支持中国劳工、慰安妇、毒气弹受害者的对日诉讼，这是完全合理的也是切中日本政府要害的。她还表示，自己将来即使从议员的岗位上退下来，也要以专职律师身份参与中国受害者的对日诉讼斗争。

新美隆律师讲话说，作为花冈事件的原告律师，他将继续支持中国人受害者向日本政府要求谢罪、赔偿的斗争。

2004年7月2日，花冈事件幸存者李绍海和遗属代表王红向日本政府递交由8万名中国人签名的请愿书和“致日本内阁函”，要求日本政府谢罪和赔偿。
日本内阁府大臣官房总务课宫本幸一代表日本政府接收请愿书和“致日本内阁函”。

2004年7月2日，花冈受难者和日本和平人士在日本参议院前举行静坐示威和抗议活动，要求日本政府向所有的中国战争受害者谢罪赔偿。

2007年8月20日，联谊联合会幸存劳工及其遗属一行首次获准进入日本驻中国大使馆展开对话，同时向日本政府递交要求谢罪及赔偿的请愿书。图为日本驻华大使馆公使泉裕泰听完劳工幸存者李庆云的控诉后观看其伤情。

日本驻华大使馆公使泉裕泰与劳工幸存者合影。

2008年7月2日，日本众议院副议长横路孝弘（右三），原日本众议院议长土井多贺子（右二）会见中国劳工遗属，听取并接受了他们致日本内阁的请愿书。

2008年7月8日，日本参议院议长江田五月在参议院议长公邸会见中日有关人士，就要求日本政府立法解决战争遗留问题开诚布公的进行了交涉。

2009年8月10日，日本强掳中国人思考会代表田中宏、旅日华侨中日交流促进会秘书长林伯耀偕同中国战争受害幸存者及其遗属与日本外务省就一揽子解决劳工遗留问题进行交涉。

2010年4月20日下午，日本国会参议院会馆。
中国被掳劳工幸存者及其家属同日本民主党“战后赔偿思考议员联盟”会长、参议院议员冈崎登美子（左二），干事长、参议院议员今野东（左一），事务局长、众议院议员石毛锳子（右一）会见。他们认真听取了关于中国劳工问题的通报，表示希望通过双方的努力，尽快推动日本强掳中国劳工问题的解决。
冈崎登美子领导的“战后赔偿思考议员联盟”是日本第一个由参、众两院议员组成的议员联盟，旨在通过议员的努力，促进立法，以求解决中日战争遗留问题。

纪念花冈暴动60周年

2005年6月30日，“花冈事件”幸存者及其遗属、中国红十字会等有关人员在北京中国红十字会宾馆纪念花冈暴动60周年，表达对死难者的哀悼，祈祷世界永远和平。

为纪念惨死在日本军国主义铁蹄下的“花冈事件”死难同胞，中国红十字会组织了这次纪念大会。台湾作家陈映真以及中国红十字会、抗日战争纪念馆及花冈和平友好基金管理委员会的有关负责人参加了悼念活动。

田中宏致辞。

原中国台联主席林丽韫致辞。

中国红十字会秘书长苏菊香致辞。

神户华侨总会会长林同春致辞。

日本大馆市劳动福祉会馆谷地田恒夫致辞。

纪念花冈暴动六十周年会议合影。

六十周年

花冈事件受害幸存者。

陈映真与新美隆交流。

日本强掳中国人思考会事务局长福田昭典与会发言。

烛光晚会。

日本强掳中国劳工及战时性暴力问题国际研讨会、展览会在台北开幕

2007年5月6日，在台湾日本综合研究所和台湾大学社会科学院的共同主办下，以“强掳劳工和战时性暴力问题”为主题的国际研讨会在台湾大学社会科学院召开。日方田中宏、谷地田恒夫等约30人参加。与此同时，5月5日—19日为期两周的“刺刀下的东亚噩梦—强掳人伕和战时性暴力问题”展览会在台北市二二八纪念馆召开。画家志村墨然人绘制的“花冈曼陀罗图”等近10幅强掳中国劳工题材的绘画作品进行了展览，引起台北市民的关注。在展览会开幕式上，高金素梅立法委员、画家志村墨然人、猪八戒等分别致辞。该研讨会由台湾日本综合研究所所长许介鳞及台湾大学社会科学院院长赵永茂主持。上午，赵永茂院长、高金素梅立法委员致开幕辞后，台湾性暴力受害者卢满妹、高砂义勇队遗属杨元煌、战时台湾学生兵寥天欣等分别做了历史证言。下午，以政治大学教授傅琪贻的“高砂义勇队是‘志愿’还是‘强掳’”的主题发言为始，共9人做了相关报告。在闭幕式上，许介鳞所长和强掳思考会代表田中宏分别致辞。通过此次国际研讨会，使海峡两岸因日本发动的侵略战争而蒙受战争灾难问题的本质及其共通性更加明了化。大家表示，为解决战争遗留问题，两岸的被害者、研究者、支援者要携起手来，继续共同努力。

日本强掳中国劳工及战时性暴力问题国际研讨会会场。

日本强掳中国劳工及战时性暴力问题国际研讨会艺术展。

周京元代读性暴力受害者杨秀莲证言。

朱德兰研究员报告。

许介鳞教授和廖天欣评论家报告。

戚嘉林教授报告。

与会代表合影。

中日首次联合举办“慰灵法会”纪念中国劳工殉难者遗骨发掘60周年

2009年8月8日，由中日两国首次联合举办的、旨在追悼纪念二次世界大战中被强掳至日本的殉难中国劳工遗骨发掘60周年慰灵法会在东京本久寺举行。中国驻日本特命全权大使崔天凯，日本参议院议长江田五月，日中协会理事长白西绅一郎，由中国佛教协会副会长兼秘书长学诚为团长，中国国家宗教事务局副局长齐晓飞为顾问的中国宗教、佛教界代表团，中国红十字会副会长郭长江，中国劳工幸存者和死难者遗属代表，台湾立法委员高金素梅率领的原住民代表等中、日、韩各方300多人参加了悼念活动。日中友好宗教者悬话会会长持田日勇，日本第256世天台座主半田孝淳，日本东京都佛教联合会会长清水谷孝尚等数十名日本知名宗教界人士参加追悼仪式，并以最庄严隆重的宗教仪式为中国战争殉难者诵经祈祷。始于战后20世纪50年代初由日本佛教界高僧发起并积极参与遗骨送还运动的中日佛教界高僧大德，在经历了漫长的60年后，首度汇聚日本，共同表达反对战争、祈愿世界和平的心声，架起了中日两国之间又一座交流、友谊的桥梁。

战后，在日本秋田县花冈町的山中发现了散乱的中国死难者遗骨，以此为契机，在日本开始了全国规模的调查收集死难中国人遗骨的民间运动。在中日邦交尚未恢复的当时，这场运动遭遇了许多困难，但是，却开辟了新中国成立后第一个日中民间友好交流的渠道。从1953年7月到1964年11月，共有2863人的骨灰分9批送还中

东京塔下芝公园，摆满为6830名死难者从家乡带来的6830双布鞋，让他们走好天国之路。

国，长眠天津。

8月9日，在东京塔下的芝公园，再次为战争死难者举行隆重的纪念活动。偌大的公园广场上，摆满了专程从国内带来的6830双布鞋。活动主办者慰灵活动共同代表田中宏、旅日华侨中日交流促进会秘书长林伯耀说，“当年在日本做苦役的中国劳工有6830人含恨而死，陈尸荒野。时间过去了60年，这次悼念活动，由他们的遗属为死去的亲人送来了家乡的6830双布鞋，是要他们能有一双鞋穿，走好今后的天国之路。”

本次追悼活动的自始至终，一直受到日本右翼分子的严重干扰破坏，使得追悼活动的会场被迫转移，无法正常进行活动议程，活动主办者多次受到书面威胁恫吓和当面的辱骂。

但是，由于参加追悼活动的中日人民的团结一致，由于海峡两岸战争受害者的携手奋斗，粉碎了这些逆历史潮流而动的人们的意图，使慰灵法会和讨回公道的活动最终得以圆满成功。

纪念遗骨发掘60周年—中国人俘虏殉难者中日联合慰灵大法会概要

日时：2009年8月8日（土）上午10时至下午3时

场所：东京都浅草“本久寺”

慰灵祭顾问：江田五月　参议院议长

土井たか子　原众议院议長

野中广务　原自民党干事长

村山富市　原首相

细川律夫　众议院议員

共催：日中友好宗教者悬话会

会长：持田日勇　日莲宗本山藻原寺贯首

理事长：山田俊和　天台宗大本山中尊寺贯首

共催：中国人强制连行殉难者合同慰灵实行委员会

共同代表：林同春　第9回世界华商大会名誉主席

共同代表：田中宏　花冈和平友好基金管理委员会委员长

中国方面主要参加者

崔天凯　中国驻日本国特命全权大使

学　诚　中国佛教协会副会长兼秘书长

齐晓飞　国务院国家宗教事务局副局长

张　琳　中国佛教协会副秘书长

郭长江　中国红十字会副会长

薛　剑　　中国驻日大使馆政治部参赞
高金素梅　台湾地区原住民代表，立法委员
陈明忠　　台湾地区夏潮联谊会代表
张俊杰　　台湾原住民”部落工作队”领导人
丁莉娜　　天津烈士陵园书记
赫　维　　天津市人民对外友好协会对外处长

日本方面主要参加者（宗恳会长理事长以外、实委会共同代表以外）

江田五月　　参议院议长
小野冢几澄　真言宗丰山派管长总本山长谷寺化主　宗恳名誉会长
半田孝淳　　天台座主
吉田文尧　　宗恳副会长
清水谷孝尚　浅草寺贯首
谷地田恒夫　NPO 花冈和平纪念会副理事长
白西绅一郎　（社）日中协会理事长
高野仓和夫　（社）日本中国友好协会事务局长
立野隼夫　　日中时事问题恳谈会召集人

受难者遗族代表：乔爱民（三菱长崎）

受难者幸存者代表：李铁垂（鹿岛花冈）、邵义诚（西松安野）

法要祈祷者：中国方面僧侣 22 名、日本方面僧侣约 20 名

供花：中国驻日大使馆、中曽根弘文外务大臣、宗教者恳话会、其他 9 团体

后援：中国驻日大使馆、（社）日中协会、（社）日本中国友好协会、日本国际贸易促进协会、日本中国文化交流协会、旅日华侨中日交流促进会、中国人强制连行思考会、中国人受害劳工联谊会联合会支援会、横浜华侨总会、神戸华侨总会、北海道华侨华人联合会、爱知华侨总会、冈山县华侨华人总会、熊本华侨总会、鹿儿岛华侨总会、其他 5 团体

宗教者恳话会事务局长：内山尧邦　日莲宗一乘院住职

合同慰灵祭实行委员会事务局：林伯耀、町田忠昭、福田昭典、清井礼司、川口和子、川见一仁、佐々木求、墨面、林和雄、朱弘、老田裕美、木野村间一郎、林叔义、林叔飙

全体参加者：约 300 名（之内、中国慰灵法要奉行代表团 27 名、中国受害劳工幸存者遗族代表团 80 名、台湾原住民部落工作队及飞鱼云豹乐工团 60 名、韩国友人 5 名）

庄严肃穆的本久寺追悼法会会场。背景大幕上，“壮志犹未酬捐躯千古眼，血债几时偿公祭万人悲”的中国诗词楹联赫然醒目。

日本外务大臣中曾根弘文为纪念法会供献的花篮。

日中友好宗教者恳话会会长持田日勇（左）和花冈和平友好基金管理委员会委员长田中宏（右）共同主持慰灵法会。

中国佛界代表团学诚团长率众僧侣为法会诵经。

日本佛界僧侣为法会诵经。

崔天凯大使为死难者致哀。

日本参议院议长江田五月参加纪念法会。

中国驻日本大使馆大使崔天凯致辞。

中国佛教协会副会长学诚致辞。

中华人民共和国外交部
Ministry of Foreign Affairs of the People's Republic of China

首页 外交部 外交动态 国家和组织 资料 服务 网站地图

检索 高级 首页 > 驻外报道

重要新闻
外交部新闻
发言人表态
办事指南
驻外报道
外交掠影
海外安全动态

崔天凯大使在中日共同举行的中国被强征劳工死难者追悼慰灵活动上的致辞

（驻日本使馆供稿）
2009/08/10

今天，在日中友好宗教者恳话会和中国被强征劳工死难者共同慰灵执行委员会的精心组织和安排下，中国被强征劳工死难者遗属和两国各界人士在这里共同为中国被强征劳工死难者举行追悼慰灵活动。我谨代表中国大使馆并以我个人名义，向在当年那场战争中惨遭迫害的中国被强征劳工死难同胞致以由衷的哀悼。

强征中国劳工是日本军国主义在侵华战争中制造的人间惨剧。近4万名中国劳工被强征至日本各地进行繁重的体力劳动，遭受各种非人待遇，六千多人客死异国他乡。作为日本军国主义侵华战争的一个缩影，中国劳工的悲惨遭遇值得双方永远铭记。

今年是中国劳工死难者遗骨挖掘六十周年，我们在回顾中国劳工死难者悲惨遭遇并寄托哀思的同时，更加深刻体会到侵略战争之残酷，和平友好之珍贵。中日两国应共同本着以史为鉴、面向未来的精神，正确认识过去那段不幸历史，深刻汲取历史留下的教训，决不让惨痛的历史重演。

当前，中日关系站在新的起点上，面临着新的发展机遇。两国人民正在携手推进战略互惠关系，努力实现中日和平共处、世代友好、互利合作、共同发展。这一局面来之不易，我们应倍加珍惜，使之不断发扬光大，以利于实现两国人民的根本利益，并以此告慰包括中国劳工在内的所有战争死难者的在天之灵。

数十年来，以日中友好宗教者恳话会和中国被强征劳工死难者共同慰灵执委会为代表，广大日本友人特别是佛教界友人和在日华侨怀着道义与良知，为搜寻、挖掘和送还死难劳工遗骨付出了巨大心血，为宣传倡导中日永不再战、世代友好作出了不懈努力。早在上世纪五十年代，日本佛教界就曾十余次收集并送还遗骨，这一义举受到了周恩来总理的高度评价。借此机会，我谨对老一辈日本友人和在日华侨表示由衷敬意，同时期待并相信此次慰灵活动不仅能够成为两国人民回顾历史、祈愿和平的庄严行动，也成为双方加强交流、增进友谊的重要契机。

最后，再次对中国被强征劳工死难同胞表示深切缅怀，并衷心祝愿两国世代友好，共同发展。

中华人民共和国驻日本国特命全权大使

崔 天 凯

刊发于中国外交部网站上的中国驻日本特命全权大使崔天凯在追悼慰灵仪式上的辞词。

台湾原住民代表、立法委员高金素梅致辞。

中国劳工受害者遗属代表乔爱民致辞。

8月8日上午，追悼法会在东京本久寺举行。这是临时设置的会场。作为此前精心准备的东京浅草寺会场迫于右翼分子扬言破坏而转移。

为死去的亲人祈祷。

中国驻日大使崔天凯会见中国劳工幸存者邵义诚（左一）、李铁垂（左二），表示支持他们讨还历史公道的斗争。

2009年8月8日，中国佛教协会副会长兼秘书长学诚（左）和日中友好宗教者恳话会会长持田日勇（右）共同为纪念二战中死难的中国人祈祷，呼吁世界和平，坚决杜绝战争悲剧的再一次发生。

中国佛教协会副会长学诚、中国国家宗教事务局副局长齐晓飞与日本佛教界人士会见交流

为世界和平祈福。

2009年8月9日，在东京芝公园为死难者讨回公道的追悼活动广场上，摆满为死难者从家乡带来的6830双布鞋。

当天的追悼活动中，日本右翼分子不断挑衅并冲击会场，东方艺术团团长田伟（右七）和大家高唱《义勇军进行曲》，与右翼分子进行面对面的斗争。

台湾立法委员高金素梅（左二）率50余名台湾原住民专程从台湾来东京声援追悼殉难中国劳工的纪念活动。

中国劳工受害者遗属在国会门口向社会民主党议员近藤正道递交请愿书。

在日本国会门口的抗议示威活动。

中国受害者遗属东京请愿游行。

台湾原住民立法委员高金素梅（左二）、台湾原住民“部落工作队”领导人张俊杰（左一）发表讲话，号召海峡两岸同胞联合起来，把向日本政府讨回历史公道的斗争进行到底。

台湾立法委员高金素梅（左二）率50余名台湾原住民参加游行，与日本右翼分子展开面对面的斗争。

致日本内阁总理大臣麻生太郎请愿书

日本内阁总理大臣

麻生太郎先生：

我们是第二次世界大战末期，由1942年11月的东条内阁的阁议会决定，从中国大陆被强掳到日本，在矿山，码头等地强制奴隶劳动而死亡的中国人的遗属及其幸存者。日本强掳近4万名中国人到日本强制奴隶劳动，有7千多人惨死日本。如果有幸活下来的人，不仅在被强掳时承受了精神上、肉体上的痛苦，而且在回国以后，也由于残疾等，一直在痛苦中挣扎，还有许多过着妻离子散，家破人亡的悲惨生活。

这一次，为了悼念在日本惨死的牺牲者，约100名参加在东京举行的“纪念花冈遗骨发掘60周年—中日共同祭奠被强掳的中国人殉难者灵魂”大型祭奠活动。

在2007年4月27日，日本最高法院第二小法庭，对战时被强掳到日本西松建设，并且强迫奴隶力劳动的中国人进行了非常不公平的判决。此判决，是对1972年的“中日联合声明”片面地随意解释。这不仅践踏了联合声明的精神，同时也妄想要封杀中国人战争被害者的正当的赔偿请求权，这是重大的侵害人权行为，我们坚决反对的。

中国外交部在4月27日的判决当天就发表声明，强烈的抗议“此判决是非法的，无效的”。此抗议，同时也代表着我们所有中国人战争受害者的意愿。

中国政府曾经再三阐述过如下观点：“日本在侵华战争中强掳中国人，象奴隶一样虐待他们，这是日本帝国主义对中国人民所犯下的重大的犯罪行为，也是中日之间遗留的一个重大的历史问题。中国方面已经明确表示，要求日方对此重大历史问题负责，做出妥善处理。希望日本方面对中国的受难劳工问题认真对待，作正当处理”。（在2007年5月31日定期记者招待会上中国外交部发言人姜瑜氏的发言）

日本政府长期以来一直不承认强掳中国人的事实，烧毁，隐藏相关资料，掩盖真实的历史。并且，歪曲历史辩解把强迫奴隶劳动的中国人称为“合同工”，给中国人受害者带来了双重的伤害。我们绝不能原谅的。

日本政府应借此正视历史，认真处理这个历经半个世纪之久的中日间遗留的历史课题，督促加害企业的同时，自身也应该率先作出解决问题的方案。请以2000年成立的德国的“记忆·责任·未来”基金等相关对策作为参考。

在这里，我们对日本政府提出以下4项要求。

1. 承认强掳中国人的历史事实，承认作为政府的政治上，历史上，道义上，法律上的责任，向所有的受害者以及遗属给与公开谢罪。

2. 把强掳中国人的事实记入教科书，有强掳事件的各事业所建立纪念碑和纪念馆等，为了把强掳中国人的历史事实传达给下一代，必须进行多方面的努力。

3. 寻找那些在异国他乡牺牲，至今还没有被送还的殉难者的遗骨，送回他们的故乡。

4. 对于所有被强掳的中国人受害者以及殉难者的遗属所带来的肉体上，精神上的痛苦和伤害给与相应的赔偿。

我们已经是好几次进行了这样的请愿，并且附加的中国人的签名累计达50万人之多，可是直至今日，一次有诚意的回答也没有收到。

历史的事实是任何人也篡改不了的。日本政府和加害企业必须深刻反省，向中国人受难者谢罪赔偿。否则，日本军国主义所欠下的中国人民的血债将永远存在。

中国受害劳工联谊联合会／花冈受难者联谊会／大阪筑港受难者／联谊会／三菱长崎三岛（高岛·端岛·崎户）受难者联谊会／港运七尾受难者联谊会／大阪川口受难者联谊会／大阪安治川受难者联谊会／日铁鹿町受难者联谊会／大阪藤永田受难者联谊会／其他5个受难者联谊会

2009年8月10日于东京

花冈和平纪念馆建成开馆

2010年4月17日，在65年前“花冈惨案”发生地的日本大馆，花冈和平纪念馆正式建成并举行开馆仪式。

今年是中国抗日战争和世界反法西斯战争胜利65周年，也是二战史上著名的“花冈暴动”65周年。

这是战后65年来，在侵华战争发起国的日本土地上，为强掳日本的中国劳工事件建起的第一座纪念馆。这是全部由日本民间团体和当地市民自发募捐4800万日元建设起来的。

中国驻日本大使馆参事官薛剑宣读程永华大使的致辞。纪念馆的名字也是由程永华大使亲笔题写的。

日本内阁府特命担当大臣、社民党党首福岛瑞穗，日本秋田县知事佐竹敬久，大馆市市长小畑元以及数百名来自日本各地的和平团体和友好人士参加仪式。

福岛大臣发表了重要致辞。致辞中说，花冈和平纪念馆正是来构建和平的出发点，让我们将历史和追悼铭记在心，携手合作，相互鼓励，将纪念馆作为去改变政治的原动力。

花冈惨案幸存者李铁垂和死难者遗属代表，中国红十字会代表出席开馆仪式。

2009年4月26日，花冈和平纪念馆建设奠基仪式。

花冈和平纪念馆依当年中国劳工服苦役的花冈川河道而建。

日本内阁府特命担当大臣、社民党党首福岛瑞穗（右一），日本秋田县知事佐竹敬久（右三），中国驻日使馆代表薛剑（左一）及中日各界人士参加花冈和平纪念馆建成开馆仪式。

福岛瑞穗大臣、佐竹敬久秋田县知事、小畑元市长、中国驻日大使馆薛剑参事官、川田繁幸理事长和中国劳工幸存者李铁垂为花冈和平纪念馆落成剪彩。

中国驻日大使程永华为花冈和平纪念馆题词。

薛剑代表程永华大使在“花冈和平纪念馆”建成开馆仪式上宣读致辞

今天，我们在这里共同迎来了“花冈和平纪念馆”开馆的庄严时刻。我谨向为设立纪念馆付出辛劳的中日双方有关团体和人士致以由衷的敬意和感谢。

建立“花冈和平纪念馆”是“花冈惨案”受害中国劳工、劳工家属及有关支援团体和人士多年的心愿，经过中日双方持续不懈的努力，今日终于得以实现。我相信这不仅可以在一定程度上告慰“花冈惨案”死难劳工的在天之灵，而且能够通过纪念馆今后的活动进一步匡扶正义、反省侵略，在两国人民中壮大和平友好力量。

强征劳工是日本军国主义侵华战争期间对中国人民犯下的严重罪行之一。当年多达4万中国劳工被强掳到日本各地，被迫从事极其艰苦的劳役，遭受不堪忍受的非人道待遇，其中6千余人被奴役迫害致死。“花冈惨案”是日本军国主义强征迫害劳工的一个典型和缩影。必须指出，参与奴役劳工的日本政府和有关日本企业，对这一人间惨剧的发生负有不可推卸的政治、道义和法律责任。

长期以来，日本国内和平友好力量、有关地方政府和民众以及广大旅日中国侨胞基于对侵略战争的反省和对中日世代友好的祈盼，自发收集并送还死难劳工遗骨，整理相关历史资料，为死难劳工举行慰灵祭祀活动，并积极协助受害劳工在日进行索赔诉讼，尤其是“花冈和平纪念会”以及秋田县、大馆市政府20多年持续不断地举行“花冈惨案”死难者慰灵追悼仪式，我们对此予以高度评价。

刻骨的战争创伤需要抚平，惨痛的历史教训必须牢记。我们注意到，日本现政府明确承认日本过去发动侵略战争的历史责任，并表示愿意与周边近邻和平友好相处。我们期待日方能够逐步将正确的历史认识化为自觉行动，勇于承担起应尽的政治和道义责任，妥善处理包括强征劳工在内的历史遗留问题。这不仅有利于中日关系摆脱历史包袱的拖累，更好、更快地轻装前进，而且有利于日本在国际社会赢得更多的尊重和信任，拓展更为广泛和稳定的实际利益。

最后，再次感谢中日两国和平友好团体和人士长期以来为推动解决强征劳工等中日历史遗留问题所做的积极努力，衷心期待“花冈和平纪念馆”在今后的运营中为纪念历史、宣传和平、促进友好发挥应有的积极作用。

秋田县知事佐竹敬久参加开馆仪式后参观纪念馆展览。佐竹敬久多次来大馆参加“花冈惨案”慰灵祭活动，一直主张要正确对待历史，促进日中友好。

福岛瑞穗大臣、佐竹敬久知事参加开馆仪式后参观纪念馆展览。

日本内阁特命担当大臣、社民党党首福岛瑞穗致辞

今天天气虽然很冷，但是我们都很激动。衷心祝贺花冈和平纪念馆的建立。我为能参加今天的开馆仪式深感荣幸。毋庸讳言，为了建立纪念馆，许多人付出了很大的心血和艰苦的努力。在此我对各位表示敬意，同时对专程赶来的幸存者，以及中国受难者的遗属表示欢迎和敬意。

我自己也是会员之一。今天，花冈和平纪念馆的建立至少有两大意义：

第一，它是秋田县大馆市铭记历史，长期进行6·30慰灵祭活动历史的一个见证。在社民党当市长的时代，田英夫、土井多贺子都多次前来参加6·30慰灵祭活动，纪念馆正是这一活动的结晶。

第二，我本人只要有时间就一定会去参观世界各地的和平纪念馆。我去过奥斯维辛集中营、中国抗日战争纪念馆、韩国的独立纪念馆等等。在加害之地，由加害者和受害者齐心协力共同建立的这座纪念馆，在日本是第一个，在世界上也许是第一个，其意义是非常重大的。

我坚信，我们可以从内心去追悼死难劳工，将历史和事实铭记在心，共同去拓展未来。

和平总是会受到威胁的，我们如果不精诚携手合作，把历史铭刻在心去开拓未来的话，那么我们就不能建立真正的和平。花冈和平纪念馆正是来构建和平的出发点。让我们将历史和追悼铭记在心，携手合作，相互鼓励，将纪念馆作为去改变政治的原动力。

让我们一起来维护纪念馆的发展吧。

NPO 花冈和平纪念会总会。

谷地田恒夫为参观者讲解。他在 5 岁时目睹了花冈惨案，一生致力于日中和平事业。

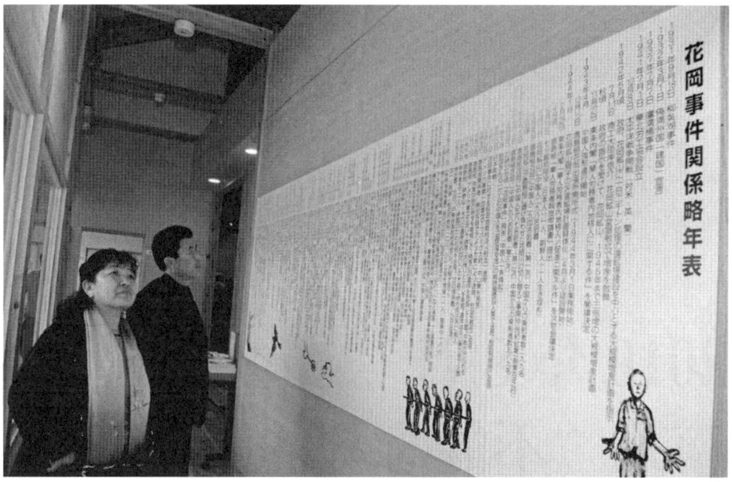

历史的铭记。

八戒为参观者讲述花冈事件。

两名大馆市的儿童自发前来参观。纪念馆理事长川田繁幸表示，我们一定要教育大馆的一代一代年轻人，永远记住发生在大馆的这段历史，以史为鉴。

2010年8月
南京"不能忘却的历史"特别展开展

2010年8月14日，"不能忘却的历史——纪念中国人民抗日战争暨世界反法西斯战争胜利65周年特别展"在侵华日军南京大屠杀遇难同胞纪念馆临时展厅开展。市委常委、宣传部长叶皓等为展览剪彩揭幕。

此次活动也是花冈和平友好基金管理委员会、旅日华侨中日交流促进会、台湾人民文化协会共同主办的"不能忘却的历史——纪念世界反法西斯战争暨中国人民抗日战争胜利65周年特别展"活动的主要内容之一。展期为60天。

本次展览分为日本强掳和奴役中国在日劳工罪行、日本殖民统治和奴役台湾人民的罪行、日本枪口和皮鞭下的南京劳工三个部分。

旅日华侨中日交流促进会墨面先生，花冈和平友好基金管理委员会委员长田中宏先生，花冈事件遗属、中国被掳受害劳工联谊联合会代表周长明先生，台湾立法委员高金素梅女士，台湾人民文化协会理事长吕正惠先生等先后在开幕式上致辞。

旅日华侨中日交流促进会秘书长林伯耀致辞。

台湾立委高金素梅（右三）等为开幕式剪彩。

台湾立委高金素梅和南京市领导一起观看展览。

侵华日军南京大屠杀遇难同胞纪念馆广场上，摆满为6830名死难中国劳工追悼的6830双布鞋。

浙江义乌日军细菌战诉讼团团长王选前来参加活动。

日本大阪市和平人士村江涌美子。

专程从日本赶来的关谷兴仁（左四）和石川逸子（左二）夫妇等在展览现场参观。

由铭心会南京访华团团长松冈环（右一）率领的第25次访中团前来南京参加追悼活动。

南京侵华日军遇难同胞纪念馆馆长朱成山主持研讨会。

大阪·花冈劳工受害者
向日本政府提起国家赔偿诉讼

2015年6月26日上午，以87岁的张广勋为首的大阪、花冈两地的13名中国劳工受害幸存者及其遗属在日本大阪地方法院递交诉状，状告日本二战期间强掳中国劳工的罪行，向日本政府提起国家赔偿诉讼。

起诉书提出以下五点要求：1、被告向每位原告支付550万日元以及诉状送达第二天起到支付完毕期间的年利息5分；2、被告对每位原告交付另纸一的谢罪文；3、被告对每位原告在日本的《每日新闻》、《产经新闻》、《读卖新闻》、《朝日新闻》以及《日本经济新闻》上按另纸四的条件刊登另纸二的谢罪公告；4、被告对每位原告在中国的《人民日报》、《中国青年报》、《南方日报》、《光明日报》以及《文汇报》上刊登另纸三的谢罪公告；5、诉讼费用由被告负担。

作为此次向日本政府诉讼的重要目的之一，在要求适当赔偿金的同时，要求日本政府对过去的罪责进行深刻反省，对原告方进行真诚的公开谢罪。

2015 年 6 月 26 日，大阪法院外，日本和平市民声援中国战争受害者的诉讼。

2015 年 6 月 26 日上午，大阪、花冈两地中国劳工受害者及其遗属和旅日华侨以及律师一起走向大阪地方法院。

递交诉状后在大阪地方法院召开的记者招待会上，中国受害者愤怒控诉日本强掳和虐杀中国劳工的罪行。

2015 年 6 月 26 日，中国劳工诉讼案代理律师丹羽雅雄在记者招待会上发言，为中国受害者主持公道。他曾经是著名的“东史郎诉讼案”的律师。

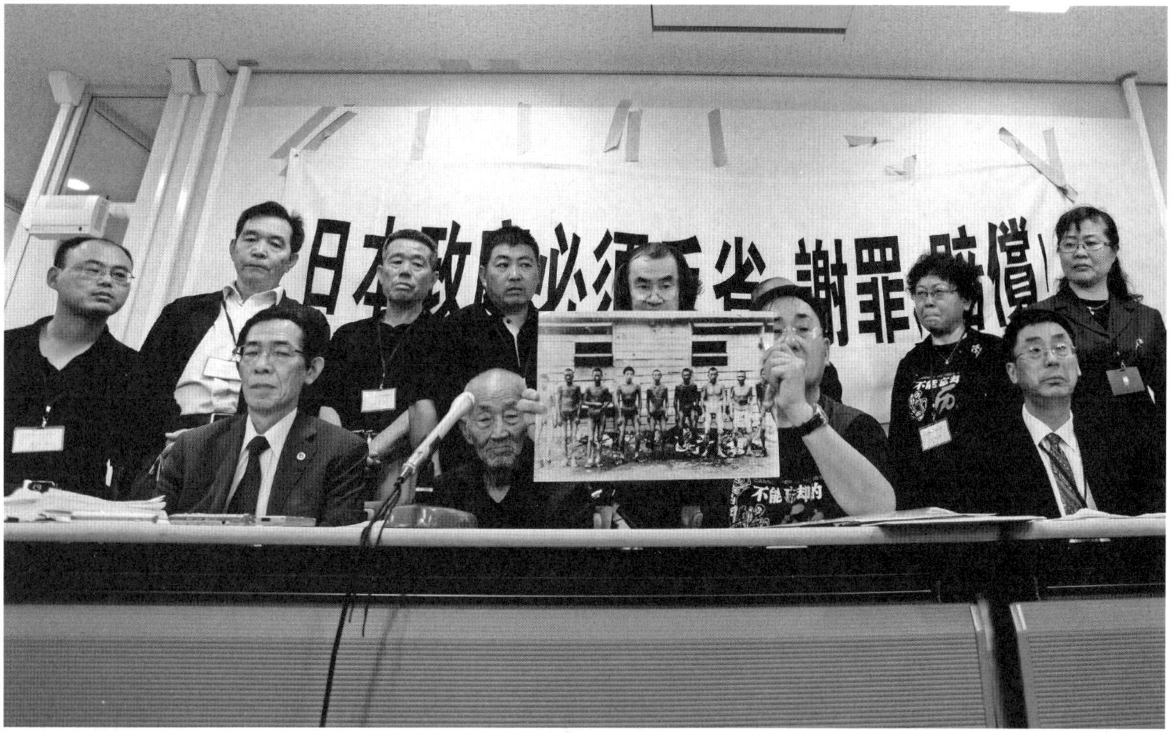

大阪地方法院记者招待会上，受害者展示当年花冈劳工遭受虐待的惨状。

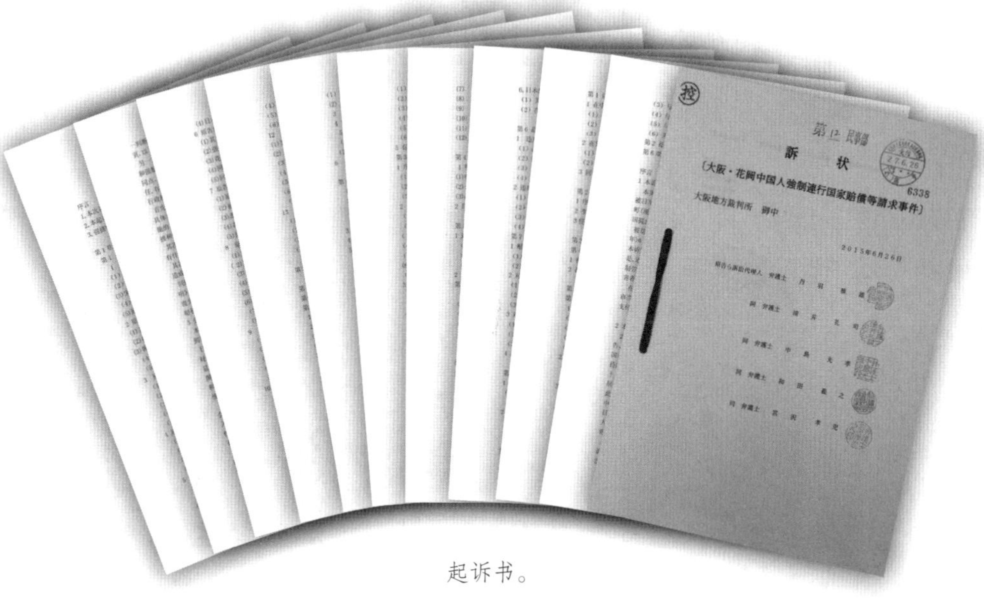

起诉书。

诉讼原告团

花冈劳工幸存者
张广勋

大阪藤永田劳工幸存者
高文声

花冈劳工幸存者
李铁垂

花冈劳工遗属
宋明远

花冈劳工遗属
张平国

花冈劳工遗属
赵长河

花冈劳工遗属
庄立华

花冈劳工遗属
王敬欣

花冈劳工遗属
王开臣

大阪筑港劳工遗属
杨瑞芬

花冈劳工遗属
杨彦钦

花冈劳工遗属
韩建国

大阪劳工遗属
张忠杰

大阪筑港劳工遗属
梁树红

大阪川口劳工遗属
段伟玲

原告代理律师团

たんぽぽ综合法律事务所　丹羽雅雄

清井法律事务所　清井礼司

中岛光孝法律事务所
中岛光孝

安富共同法律事务所
和田义之

ひまわり总合法律事务所
宫泽孝儿

2015年10月29日，律师团举行关于诉讼的工作会议。

「強制労働 国が賠償を」

花岡事件生存者ら提訴

大阪地裁

日本媒体关于大阪诉讼的报道。

世界百强 百万大报

大河报

推进领导干部能上能下

中央政治局开会审议《中国共产党巡视工作条例（修订稿）》《关于推进领导干部能上能下的若干规定（试行）》，习近平主持会议

【A03版】

谢罪+赔偿 中国二战劳工对日提起国家赔偿诉讼

【A15版】

大河报关于大阪诉讼的报道。

2015年7月1日，日本社民党党首吉田忠智、副党首福岛瑞穗等3名国会议员在参议院会馆会见中国劳工受害者诉讼团，共同谴责日本强掳中国劳工罪行。图为吉田忠智讲话。

以村山富市为代表的日本社民党长期支持中国劳工受害者在日本讨还公道的斗争。2015 年 7 月 1 日，87 岁的”花冈惨案“幸存者张广勋向社民党赠送锦旗。

日本社民党党首吉田忠智、副党首福岛瑞穗、众议院议员吉川元等 3 名国会议员与诉讼团成员合影。

大阪·花冈劳工受害者诉讼第一次开庭

2015年10月30日上午10时，大阪地方法院202号法庭，二战期间日本强掳中国劳工大阪、花冈受害者遗属对日本政府提起的索赔诉讼案第一次开庭。3名中国受害者遗属原告和5名被告方代表出庭。

本诉讼案原告方的日本代理律师丹羽雅雄、中岛光孝、和田义之、宫泽孝儿宣读诉讼状，中国劳工受害者遗属宋明远、王敬欣、段伟玲出庭陈述父辈受害的历史事实。

来自日本各地受害者支援团体的75人参加了旁听，并和原告方一起在大阪地方法院门前举行了抗议日本政府二战强掳中国劳工罪行、要求谢罪赔偿的游行。当晚，日本和平友好团体在大阪劳动会馆集会，声援中国受害者对日本政府的索赔诉讼。

2015年10月30日，大阪地方法院第一次开庭。

原告及其律师团。

2015 年 10 月 30 日，大阪地方法院第一次开庭前的抗议游行。

大阪举行的声援集会。

张家楼惨案

2016年5月30日，律师丹羽雅雄在山东省茌平县“张家楼惨案”发生地调查取证。

原告王开臣的父王振瑞生于1921年11月。他就是当年在“张家楼惨案”中被日军及傀儡军逮捕后强掳到日本去的10人当中的一个。

1944年7月24日，山东省茌平县张家楼村的村民，组织了有300多名青壮年参加的抗日民兵联防队，几次击退了由日本军队及傀儡军发动的袭击。当时从事农业的王振瑞是联防队的一员。

1945年3月31日（农历2月18日），日本军队和傀儡军约3700人袭击了茌平县张家楼，杀害村民330人，打伤271人，抓走264人，同时烧毁2723间房屋，抢掠耕牛86头，大车48辆和无数粮食。这就是骇人听闻的“张家楼惨案”。当时王振瑞同伙伴们一起顽强抵抗，但最终打光了子弹而被捕。

丹羽雅雄在张家楼惨案烈士陵园调查惨案经过。

丹羽雅雄在张家楼农户家走访。

丹羽雅雄与十多位惨案的亲历者座谈，详细询问当年“张家楼惨案”的经过及其惨案细节。

律师宫泽孝儿对受害者遗属王开臣调查取证，了解其父亲王振瑞在“张家楼惨案”中被捕并被强掳日本花冈做劳工的经过。

天津花冈暴动纪念园开园

2015年9月1日，值中国人民抗日战争暨世界反法西斯战争胜利70周年，位于天津烈士陵园的“花冈暴动纪念园”正式开园，成为我国第一个被掳劳工专题纪念园，它将作为一个爱国主义教育基地，弘扬以花冈暴动为典型代表的中华民族敢于抗争、不甘屈辱的精神。

“花冈暴动纪念园”占地约2200平方米，内设主题雕塑墙，展现了劳工被强掳、苦役，组织暴动，回国以及遗骨送还、花冈事件和解的全过程，该浮雕高3米多，长约28米，其上镌刻着被强掳到花冈的劳工名单。

另外，同样位于天津烈士陵园的“在日殉难烈士·劳工纪念馆”经整新后也于当日开馆。该馆建筑面积1352平方米，是全国唯一存放在日殉难烈士劳工骨灰的纪念馆。该馆分为两层，一层为骨灰馆，存放着2316盒在日殉难劳工骨灰；二层为展馆，展出《东瀛血泪—中国劳工在日本》。自2006年8月18日展出至今，先后有30万人次来馆参观。此次改陈后，展览共分六大部分，分别为：地狱之行、身陷囹圄、宁死不屈、回归祖国、寻求正义、还我公道。

在日本花冈当地，由日本民间捐款建立的“花冈平和纪念馆”已在2009年落成，天津建立“花冈暴动纪念园”与同在日本秋田县大馆市劳工受难地的“花冈平和纪念馆”相呼应。

2011 年 8 月 18 日，日本众议院议员服部良一（右五）及花冈暴动幸存者李铁垂（右八）等在花冈暴动烈士纪念园建园奠基仪式上。

2006 年 8 月 18 日，日本原众议院议长、社民党党首土井多贺子，日本众议院议员保坂展人出席天津中国劳工纪念馆开馆仪式并认真观看展览。

2011 年 8 月 18 日，日本众议院议员服部良一参加花冈暴动纪念园奠基仪式。

2008年11月2日，天津市烈士陵园书记丁莉娜为林同春（左一）、林伯耀（右二）、陈君实（左二）颁发名誉馆员证书。

参加纪念大会的各界人士合影留念。

2015 年 9 月 1 日，花冈暴动纪念园正式开园。

花冈暴动纪念馆大厅。

天津在日殉难烈士·劳工纪念馆主任高增起（左二）带领全馆人员不断完善日本强掳中国劳工史料的整理工作，于 2015 年完成了劳工纪念馆的改扩建工程。

2006 年 6 月，天津市民政局局级巡视员程怀金等一行到建设现场检查工作。

一排左起：天津市民政局优安处副处长郝灵节、林伯辉（猪八戒）、田中宏、赵洁；二排左起：天津市烈士陵园高级美术师张礼军、天津市烈士陵园书记丁莉娜、天津市民政局优安处处长程新元、林伯耀、天津市民政局局级巡视员程怀金、天津市烈士陵园主任高增起、王红、林叔飙。

日中协会理事长白西绅一郎、社民党国际担当服部良一以及花冈事件幸存者等为花冈暴动纪念园揭碑。

日本大馆市谷地田恒夫（右二）和花冈事件活动志愿者康云（右一）为纪念碑献花。

旅日华侨、《中华人民共和国国歌》作者田汉的侄女、日本神户东方艺术团团长田伟（左）和第三代花冈劳工遗属王洋洋为纪念园开园献舞。

天津市人民对外友好协会副会长陈卫明（左一），天津市委统战部副部长王平（左二）和旅日华侨中日交流促进会秘书长林伯耀（右一）亲切交流。

纪念园开园同一天，《东瀛血泪》劳工馆开馆。

中日朝朋友在花冈暴动纪念雕塑墙前合影。

为了共同的目标，团结起来到明天。

“继承花冈暴动精神、追究日本政府历史责任专题研讨会”与花冈暴动纪念园开园同时在天津举行。
日中协会理事长白西绅一郎、原日本众议院议员服部良一、原日本立命馆大学教授徐胜、日本朋友田中宏、町田忠昭、谷地田恒夫、川见一仁、木野村间一郎、木越阳子、清华大学教授刘江永、中国社会科学院法律研究所陈根发、旅日华侨林伯耀、墨面等，与众劳工遗属合影。

让历史告诉未来

花冈事件走过了70年，然而延伸在他脚下的讨还历史公道的路程依然漫长，依然艰辛！

4万名被掳日本中国劳工祈盼的公道，更不知还在何方？

这正是我们必须进行的新的斗争，是我们必须要向日本政府讨还的历史公道！

这是历史的呼唤，这是正义的呼唤，这是和平的呼唤！

让历史告诉未来！

在日韩国歌手李政美为“花冈事件”殉难者献唱“安魂曲”。李政美是著名的和平志士，连续十多年来，她每年的6月30日，都会按时来到“花冈惨案”旧地，为中国战争死难者献歌。

2015年6月30日，中国红十字会副会长郝林娜在大馆慰灵祭致词。

2015年5月，大馆市新市长福原淳嗣当选就任，同年6月30日，他第一次参加“花冈惨案”慰灵追悼仪式，并致追悼词。他说，我将接过历任市长的和平接力棒，决不忘记“花冈惨案”的历史教训，让日中友好的精神通过我的努力传承下去。图为2016年6月30日，福原淳嗣在“花冈惨案”慰灵追悼仪式上致悼词。

“花冈惨案”受难者遗属芦秀玲（右）在大馆听证会上发言。为她担任翻译的是长期参与花冈和平运动的在日中国留学生沈恬恬。

华侨墨面在中国劳工受害者历年来的对日索赔运动中发挥着重要的骨干作用。

一直支持大阪中国劳工诉讼的大阪支援会成员河野通威在听证会上发言。

2015年6月29日，日本大馆。中国红十字总会官员，花冈基金会事务局长张虎发表和平感言。

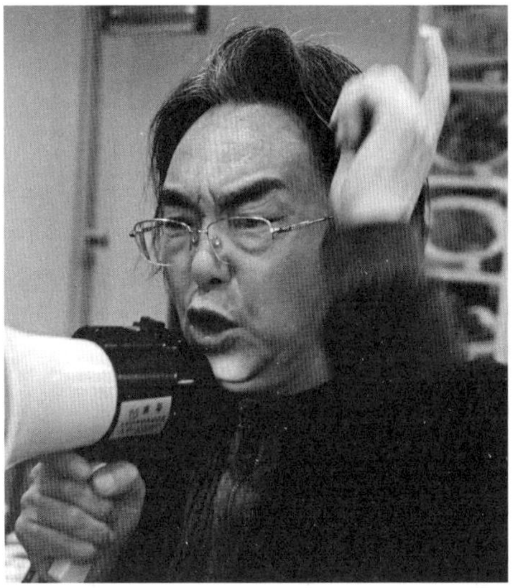

原中央人民广播电台著名节目主持人张文星一直积极参与中国劳工的对日索赔活动。

新华社原驻日本记者张焕利跟踪采访了“花冈事件”从诉讼到和解的全过程，并做了大量的新闻报道。

2015 年 6 月 29 日，花冈受难者联谊会张恩龙（右）向大馆市市长福原淳嗣（左）赠送锦旗。

2014 年 4 月 2 日，河北籍二战三菱受害者劳工百名大诉讼在石家庄递交诉状。来自花冈受难者联谊会和韩国的劳工受害者遗属、律师专程前来声援。

长期奋斗在支援侵华日军战时性暴力被害者讨还公道斗争的日本友人田卷惠子（左一）、川见公子（左二）、池田惠理子（左三）、加藤修弘（右一）与山西省盂县日军性暴力受害者在一起。同时，他们也为“花冈事件”的解决长年奔走，做出了重要贡献。

日中协会理事长白西绅一郎（右三）与台湾著名社会活动家陈明忠（左一）、冯守娥（左二）夫妇，台湾立法委员高金素梅（右二），新华社记者张焕利（左三），旅日华侨中日交流促进会秘书长林伯耀（右一）在一起。

林爱兰传承父亲林同春的精神，成为推动花冈索赔运动的新生力量。

木野村间一郎担负着大量的“花冈事件”的组织工作。

2013 年 6 月 30 日，东京高等法院第 17 民事部裁判长、花冈事件诉讼案主法官新村正人第一次参加“花冈惨案”慰灵祭。

山本利夫先生出生于1923年1月。1947年，他从被流放的西伯利亚回到花冈町以来，一直积极参与当地和平运动暨花冈事件殉难者慰灵活动，自觉承担摄影及视频录制工作，留下了大量珍贵的影像资料。图为山本利夫先生和他的外孙女米泽绫夏在现场的留影。

2017年7月3日，赴日参加慰灵祭活动的花冈事件受害者劳工遗属祭奠新美隆律师。

2011年8月18日，律师川口和子在解决中日之间战争遗留问题座谈会上发言。她终日奔走，劳累成疾，于2014年突发疾病抢救无效而英年早逝。

2014 年 6 月 27 日，中国驻日本大使馆大使程永华（二排右五）会见到访的花冈基金访问团。

2016年3月8日，原日本首相村山富市为花冈暴动70周年题词“以史为鉴，开创未来”。

2017年7月21日，原中国台联副主席林丽韫为《花冈事件70年》出版题词。

“花冈暴动纪念园”建园一周年

2016年9月1日，天津市烈士陵园隆重举行“纪念中国人民抗日战争暨世界反法西斯战争胜利71周年——花冈暴动纪念园建园周年仪式”。出席纪念活动的有：中国红十字会总会、天津市委统战部、天津市民政局、天津市对外友好协会、天津电视台的相关领导；日本东京运行寺、日本东京强掳中国人思考会、旅日华侨中日交流促进会、以及劳工幸存者、劳工家属的代表等共计150人。

天津市社会各界及日本朋友参加花冈暴动纪念园建园一周年仪式。

天津市民政局柳建军副局长在花冈暴动纪念园建园一周年仪式上致辞。

花冈基金运营委员会委员长田中宏先生致辞。

花冈劳工遗属杨静致辞。

日本陶艺家关谷兴仁委托川见一仁（右）向天津烈士陵园赠送铭刻“悼”字的陶品，天津烈士陵园主任高增起（左）接受陶品。

东京枣寺主持菅原侍在天津为中国劳工殉难者祈祷。

为花冈殉难者献花。

2016 年 9 月 1 日，“花冈暴动纪念园”建园一周年纪念仪式合影。

2016年9月1日举行的纪念花冈和解十六周年，追究日本政府历史责任专题研讨会。

研讨会会场。

清井礼司律师讲话。

法学专家陈根发讲话。

史学专家朱成山讲话。

日本和平人士町田忠昭讲话。

花冈劳工遗属许树立讲话。

东京运行寺住持菅原侍讲话。

日本和平人士川见一仁讲话。

纪念花冈和解十六周年，追究日本政府历史责任专题研讨会。

附录一

“花冈事件”大事年表

1942年，日本为弥补国内劳动力不足，通过“移进华人劳工”的东条内阁决议。1944年，日本次官会议再次作出关于“促进华人劳工移入”的决定。

从1943年到1945年间，4万多中国平民和战俘被强掳日本，被迫从事超强度的苦役。986名中国劳工被强掳至日本秋田县花冈町鹿岛组从事苦役。在鹿岛组的残酷虐待下，一年之内有200多中国劳工被虐待致死。

1945年6月30日晚，为反抗奴役，维护中华民族尊严，中国劳工举行“花冈暴动”，惨遭日本军警血腥镇压，上百人被严刑拷打致死。1945年8月15日，日本战败投降。盟军进驻中山寮，调查“花冈事件”。

1945年9月，日本秋田地方裁判所对“花冈暴动”主要参与者作出有罪判决。至此，在鹿岛组奴役下的986名中国劳工，有419人死于非命。

1948年3月，横滨B、C级战犯军事法庭对鹿岛职员和有关警察等6名战争罪犯判处死刑和有期徒刑。

1950年起，以花冈町发现中国劳工遗骨为契机，日本民间进步人士和华侨展开挖掘送还中国劳工遗骨和追悼“花冈惨案”死亡者的市民运动。

1972年9月，中日邦交正常化，并发表中日联合声明。

1978年8月，中日和平友好条约缔结。

1987年，耿谆被邀访问日本并出席大馆市悼念中国劳工的“慰灵式”。

1989年12月，“花冈惨案”幸存者发表致当年残酷地奴役过他们的鹿岛建设公司的公开信，提出谢罪、赔偿、建立纪念馆等三项要求，就此拉开亚洲人民追究日本企业战争责任和民间索赔的序幕。

1990年7月5日，在东京鹿岛建设公司，“花冈惨案”幸存者代表与鹿岛公司副社长村上光春就谢罪与赔偿等问题进行当面交涉，并发表“共同声明”。在声明中，鹿岛公司承认对“花冈惨案”负有“企业责任”，表示了“谢罪之意”，并表示通过协商尽快解决赔偿问题。

1995年6月28日，因鹿岛公司迟迟不履行承诺，耿谆等11名“花冈事件”幸存者及遗属，向东京地方法院正式起诉鹿岛公司。此举翻开了中国公民以法律手段追究日本企业战争罪责的第一页。

1997年12月10日，历经七次开庭，东京地方法院一审判决“花冈事件诉讼案”原告败诉。

1997年12月12日，11名中国原告再度向东京高等法院上诉。

1998年7月15日，东京高等法院第一次开庭审理。此后，陆续进行了双方代理人之间的六次口头辩论。

1999年9月10日，东京高等法院向原、被告双方提出和解劝告。

1999年12月16日，中国红十字会作为“利害关系人”介入和解。

2000年11月29日，经20次法庭调解，东京高等法院宣布和解成立。

2001年1月，“花冈受难者联谊会”发表严正声明，驳斥鹿岛建设公司单方面发表的所谓“声明”。

2001年3月27日，“花冈和平友好基金管理委员会”在北京召开第一次会议，就基金的运营事宜进行讨论决定。

2001年6月，中国红十字会秘书长苏菊香率花冈和平友好基金第一次访日团赴大馆参加慰灵活动。

2002年6月，中国红十字会副会长孙爱明率花冈和平友好基金第二次访日团赴大馆参加慰灵活动。花冈受难者联谊会发出“致日本内阁信”。

2004年6月，中国红十字会副秘书长汤声闻率花冈和平友好基金第三次访日团赴大馆参加慰灵活动。花冈受难者联谊会再发“致日本内阁函”。

2005年6月30日，花冈事件60周年。

2015年6月26日，在大阪地方法院向日本政府提起赔偿诉讼。

2015年6月30日，花冈事件70周年。

2015年9月1日，天津花冈暴动纪念园开园。

花冈和平友好基金管理委员会北京事务局十五年工作总结

花冈和平友好基金管理委员会北京事务局（简称：北京事务局）是根据花冈和平友好基金管理委员会的组织章程和细则于2001年4月成立的。十五年来，在花冈和平友好基金管理委员会的指导下，在中国红十字会总会的大力协助下，事务局始终遵循积极、慎重、准确、稳妥的原则，坚持严肃认真、一丝不苟的精神，克服各种困难和干扰，做了大量的工作。现将主要工作总结如下：

一、劳工寻找和花冈基金、教育金的发放

花冈基金是花冈劳工受难者、幸存者和遗属经过十余年艰苦斗争的成果，花冈基金的发放不仅关系到花冈受难者及遗属的切身利益，也影响到抗日战争期间被日本军国主义强掳到日本的每一个中国劳工家庭，在全国、全社会影响很大。为此，寻找花冈劳工，发放花冈基金及教育金就要坚持既要积极，又要慎重、稳妥，努力做到准确无误。

为使花冈基金的发放工作有章可循，花冈和平友好基金管理委员会在广泛调查的基础上，经反复讨论，多次修改，几易其稿，制定发放了《花冈和平友好基金说明》，就花冈和平友好基金的诞生、基金成立的目的、花冈基金的管理、使用和发放等做出了详细的说明和可具操作性的规定。北京事务局以此为指南，积极寻找花冈受难者。

寻找、确认花冈劳工是准确无误地发放花冈基金的前提。为寻找花冈劳工，我们采取了各种措施和方法。

一是广发信函。北京事务局刚成立的2001年4月初，我们就给过去寻找到的所有花冈劳工幸存者和遗属发出了信件，讲明花冈诉讼达成和解所取得的阶段性胜利，并请他们回信写明受难者被强掳的时间、地点和被抓时的情景，被抓时的家庭状况和被抓后的家庭遭遇，在日期间遭受的凌辱和苦难等情况。被抓到日本花冈的证明人（包括和谁一起被强掳到日本花冈，是否回家，和谁一起回来，是否带回遇难者骨灰或骨灰被谁带回等）以及现在家庭状况等。2002年5月初，又给没有联系上、且有地址可查的500余人按名册分别邮发了信函，并与寻找中新发现的人员及时进行了联系。

二是利用宣传媒体进行广泛宣传。2001年至2003年在北京、济南、青岛、石家庄和郑州六次召开发放花冈基金仪式和新闻发布会。中央电视台国际频道和三省四市的电视台和相关报刊都进行了宣传报道。有的宣传媒体多次重播报道有关情况。会后咨询、查询电话不断，收到了较好效果。

三是实地寻查。北京事务局在中国红十字会的协助下，对花冈受难者进行了多方寻找。首先，按照地域、名册逐一进行了查寻。寻找过程中，不但对记载清楚的所有受难者进行了查寻，而且对记载不清楚的受难者也尽力进行了查寻。我们十分重视受难者和遗属提供的线索，据此扩大查询范围。经过努力，寻找到花冈受难者530余人。

为了尽快地将花冈基金准确无误地发放到每个花冈劳工幸存者或遗属之手，在工作中严肃认真，一丝不苟。

一是坚持做到认定工作有资料证实。

二是坚持做到各种材料、表格齐全，材料之间能相互印证。由于工作对象不同，所需材料、表格一次填写合格者极少。对此，我们不厌其烦地多次打电话或写信给填表人，逐条、逐项的解释说明，反复介绍填写方法和内容，直至合格。凡是有疑问的，我们都要采取措施，运用适当方法进行了解查证，对一时不能查证核实清楚的，一律提交委员会审批。

三是坚持按照认定审批的有关规章制度和程序办理。十五年来，经委员会审定领取花冈基金的人数已达到484人（还有五十余人分属正在办理、自愿捐献、超出领取人范围、找不到受益人及反对和解等情况。）

为落实《花冈和平友好基金说明》中关于“花冈和平友好基金”希望工程项目，

经大量调查研究和广泛征求意见，依据既公平、公正、合理，又易于操作的精神，我们于2003年3月制定了《关于实施“花冈和平友好基金”教育费工作的通知》，并根据该《通知》的规定，对原先已领取了花冈基金的花冈劳工幸存者和遗属及时追发了教育金，每位受害者5000元人民币，并把这一工作纳入到同花冈基金一并审批发放的工作之中。

二、建立“花冈暴动纪念园”

从花冈和平友好基金管理委员会活动开始，到现在大约有15年了。如果从花冈受难者联谊会活动的次数来计算的话，已经超过四分之一世纪。通过国内外许多媒体的新闻报道，越来越多的人知道了花冈事件。为了牢记这段历史，祭奠英灵，教育下一代，更是为了以史为鉴，实现中日两国的友好和平，2006年8月18日，在天津市委、市政府的关心支持下，广大劳工幸存者和遗属期盼已久的在日殉难烈士·劳工纪念馆落成，使那些死在异国的英灵得以告慰，成为爱国主义教育基地。花冈劳工在日死难419名，其中409具骨灰保存在天津在日殉难烈士·劳工纪念馆。为了牢记这段历史，祭奠英灵，教育下一代，更是为了以史为鉴，实现中日两国的友好和平，花冈和平友好基金管理委员会经多方协商，并广泛征求受难者及家属意见，决定在安放长眠409具花冈死难者骨灰的天津烈士陵园“在日殉难烈士劳工纪念馆”的西侧，建立占地约2200平方米 的“花冈暴动纪念园”，建成后同在日殉难烈士名录墙及前广场形成统一整体。在中国红十字会总会、天津市政府、民政局的关心下，经各方统筹，花冈纪念园已于2015年8月15日竣工，并于抗日战争胜利70周年前夕—2015年9月1日举办了开园仪式。在日本花冈当地，由日本民间捐款建立的“花冈平和纪念馆”于2010年落成，成为铭记历史、教育下一代和中日友好的桥梁。在安放有409具花冈劳工遗骨的天津“在日殉难烈士·劳工纪念馆”旁建立“花冈暴动纪念园”，同在日本秋田县大馆市劳工受难地的“花冈平和纪念馆”相呼应，更加具有现实意义。“花冈暴动纪念园”是我国第一个建成的被掳日劳工专题纪念园。“花冈暴动纪念园”园名由长期致力于中日友好的日本前首相村山富市先生题写。

三、祭奠和纪念活动

北京事务局成立十五年来，除2003年由于非典没能成行外，每年的6月30日，都组织有花冈劳工幸存者和惨死于花冈的劳工子女参加的祭奠团，赴日参加由大馆市政府举办的花冈殉难劳工祭奠活动。在这15年间，合计共有33 0名以上人次参加。每次在大馆市的中山寮遗址旁、在当年修建的暗渠和花冈河旁、在狮子森山和共乐馆遗址，幸存者现场的控诉，使世人对当年他们被驱使、奴役、虐待、摧残和遭受刑讯拷问的悲惨景况有了更深的认识。

访日祭奠活动能取得圆满成功，一是准备充分，出访人员提前进京，集中进行培训学习，介绍花冈索赔斗争的全过程及和解后的相关情况，中国红十字会领导及有关同志对出访人员进行必要的行前培训。二是组织严密，根据出访人员多、年龄大的实际，我们安排了随团医生，并根据年龄、身体状况等进行分组。访问期间，工作人员尽职尽责，各组组长各司其职，大家互相帮助，发挥每个人的积极性。三是日本友好人士、爱国华侨和大馆市热情周密的安排和接待。

除组织开展赴日祭奠外，北京事务局于2006年协助天津市“在日殉难烈士・劳工纪念馆”完成了《东瀛血泪——中国劳工在日本》的布展工作。并于同年八月，协助天津市对外友好协会和天津市民政局在建成的天津烈士陵园举办了”在日殉难烈士劳工・纪念馆”开馆仪式，天津市人民政府领导、日本方面的友好人士、中国方面的300名劳工幸存者、遗属及相关人员参加了纪念活动。之后，花冈和平友好基金管理委员会基本每年都在这里举办祭奠活动，以此来让中日两国人民牢记历史。

另外，2009年8月由花冈劳工幸存者及遗属50人、中国受害劳工联谊联合会80人组成的代表团，和中国佛教协会代表团30余人赴日参加了在东京“本久寺”举办的“祈愿世界和平中国人俘虏慰灵大法会”大型祭奠活动。这次的慰灵大法会是为了纪念1949年8月在秋田县花冈发起的发掘中国人强掳受害者的遗骨运动60周年而举办。中国驻日本国特命全权大使崔天凯代表中国政府参加并致辞。日本国会参议院议长江田五月也特地赶来参加了中国殉难者慰灵活动。台湾原住民代表高金素梅一行也受邀参加。日本政府外务大臣中曾根弘文也送来了花圈。2010年8月，我们与旅日华侨中日交流促进会、台湾人民文化协会等组织在南京大屠杀遇难同胞纪念馆共同举办了“不能忘却的历史——纪念世界反法西斯战争暨中国人民抗日战争胜利65周年特别展”。我们在纪念馆前广场上摆放着6830双布鞋，象征着6830名在日本遇难的中国劳工。展示时间为57天，参观人数达106万人次，影响遍及国内外。

四、档案资料收集整理及记录调查活动

1、事务局成立以来，收集了大量的档案资料，这些档案资料是花冈活动的真实记录，收集整理好这些资料既是对被强掳到日本花冈的中国劳工对日索赔负责，又是对历史、对社会负责。为此，对事务局成立后形成的各类资料进行分类、收集和整理工作，并对整理后的档案资料复制成光盘，以便长期保管。同时，根据手中的资料协助编撰出版了《花冈事件60年》(2005年，张国通著)《慰灵东京》(2010年)、《劳工证言集》(2010年)、《历史之眼》(2008年)等，还帮助编撰出版了《强掳.诉讼.和解》(2002)年一书，协助再版了《花冈河的风暴》(2005年)一书。撰写发行了《花冈通讯》。另协助河北音像出版社、凤凰卫视等拍摄了《花冈启示录》、《花冈啊花冈》、《我的父亲是劳工》等一批影像资料。

2、花冈受难幸存者的证言，是非常珍贵的历史资料。趁幸存者还健在，记录他们的苦难和奋斗的历史事实，并且传给下一代，调查研究历史的背景是后来人的职责。事务局整理过去收集的幸存者以及遗属口述的资料的同时，派人到各地去，对记录进行补充完善。

五、财务工作

花冈基金是花冈受难者、遗属、日本友人和爱国华侨经过十余年艰苦斗争的成果，是花冈劳工的血汗钱、生命钱，必须十分珍惜，认真负责的管理好，发放好，使用好。为此，我们认真贯彻执行《花冈和平友好基金说明》中关于基金用于支付受难者的花冈基金、资助祭奠活动、培养教育受难者的子女的希望工程和寻找花冈受难者范围的规定，不乱开口子，不乱设项目，严格按照财务规定执行。

花冈和平友好基金管理委员会事务局

2016年4月10日

后 记

影像的见证

在中华民族的历史上，十四年抗日战争写下了最为波澜壮阔的一页，那些为数不多的纪实影像成为记录那个时代的宝贵的摄影遗产，也成为传承中华民族精神不朽的思想和文化遗产。

而同样记录了那个时期日本军国主义战争罪行的许许多多的纪实影像，至今仍然震撼着人们的心灵。那一幅幅血腥的、惨烈的、悲壮的影像画面，成为昭示日本军国主义发动的侵华战争中肆意践踏人性、疯狂屠杀中国人民的罪恶佐证。

第二次世界大战已经结束了70多年，仿佛所有的都该成为记忆。但是不尽然。一切似乎都是遥远的历史，一切又都是活生生的现实。关于历史问题，关于战争赔偿，关于中日友好，依然是喋喋不休的话题。在我们的视野中，日本军国主义发动的那场侵略战争的阴霾依然并没有散去，那些寥寥无几的、年迈的战争受害者的心还在淌血；战争罪恶的清算举步维艰，日本军国主义势力否认战争罪行、为侵略历史翻案的鼓噪喧嚣依然甚嚣尘上……

我拍摄的大量的纪实影像为证。

1992年，我第一次听到了关于“花冈惨案”和“花冈事件”的历史。我震惊了。于是，我走进了这段历史，一直到今天。旨在揭露日本侵华战争罪行、及其对中日战争遗留问题的纪实摄影追踪的二十多个年头，无数张真实的纪实影像成为这一段历史的影像佐证。

就我的这一“为历史作证”主题的影像作用，旅美摄影评论家王瑞在《控告：战争受害者的切身揭露与纪实摄影的立此存照》一文中这样说：

“一场战争的事实并不因该场战争的结束而告终，对引发战争的历史原因和对战争罪恶的清算检讨，往往是随战争的结束而开始，检讨的过程甚至比战乱的过程更加漫长、也更为艰难。因为事过境迁以后，实际卷入战争的当事人必然逐渐消失，大量足以还原事实的人证史料随之流逝，从而为清算战争造成困难和悬念。

也正因如此，挑动战争的罪犯一方，往往采取销毁证据、隐瞒事实达到篡改历史的无赖手法，企图逃避罪责。在这个意义上，一场战争并非随着地理战场的定局而结束，甚而在勘定历史的这条看不见的战场上继续搬演着无形的政治战斗。

第二次世界大战里日本侵略中国的战争，挑起战争的日本方面至今仍然坚持军国主义战争贩子的死硬立场，拒不向战争受害国家的无数战争受害个人道歉赔偿，甚至变本加厉地颠倒黑白掩盖并歪曲事实。于此，对日本侵略中国的战争清算，既具有还历史本来面目的正当意义，更有对战争受害者讨还公道并对挑起战争者进行彻底惩罚的道德意义。

事实取证作为战争清算罪恶的凭据，具有还原历史真实的特别重要的作用。”

日本军国主义发动的侵华战争，恶行累累，罄竹难书，造成3500多万中国人伤亡，经济损失超5000亿美元之多。但即便是这样，总是“以德报怨”的中国人始终以博大的人道主义情怀，为建立和发展友好的中日关系而竭尽全力。但这并不意味着对历史的一笔勾销。对此，已故周恩来总理说：“可以原谅，但不可以忘却”。事实应该是也必须是，两国的真正友好必须建立在对战争历史彻底清算的基础上。以史方能为鉴，总结过去方能开辟未来。但时至战争过去了70多年后的今天，日本对侵略战争历史的清算这一步依然没有迈开，多少的中日两国的有智慧的政治家和仁人志士为之奋斗终生的期求建立“真正友好的中日关系”的目标并没有实现，倒是把历史的和现实的问题扭结一起的更为错综复杂的课题摆在了我们面前，隐藏在“中日友好”惯常口号后面中日两国人民心灵上的那道“伤痕”、“鸿沟”依然很深很深。

这其中包括两国必须面对的不知到何时才能解决的中日战争遗留问题。

这是又一段不寻常意义的中日历史。

于是，我越来越深入地走进了已经逝去的和正在发生的历史。当真相得以揭露，当历史得以还原，当一幅幅昭示历史的影像得以展现眼前，更让我们感觉到历史那沉甸甸的份量。这些图片，既具有特定历史时段的影像留存作用，同时也具有昭示于世、教育后人的警示作用。我想要通过这些影像告诉人们的就是，战争与和平是人类永恒的主题，战争对于人类之残酷，和平对于世界之珍贵。而残酷的历史和历史的现实还告诉我们，历史绝不能忘记，背叛就有可能重蹈覆辙。我们期待战争的历史能够在今天的和平环境中给它以必须的位置，也祈望它能成为回响在中日两国人民耳边的一记警钟而长鸣不息。

中国抗日战争和世界反法西斯战争胜利已经走过了70年的历史。我们该怎样面对，我们又该做些什么？

历史永远是一部厚重的教科书。

历史是一面镜子。

而我们必须不断地反思。

我一次次到日本采访，许多见许多闻，让我感到历史的如此沉重。中国战争受害者为追讨历史正义艰难的诉讼，日本教科书里对侵略战争历史的歪曲掩盖，靖国神社右翼分子的丑恶表演，游就馆里为日本侵华战争歌功颂德的精心布局，等等，着实让我们感到追讨历史正义的漫长和艰辛。不能否认，战争之后另一场“战争”依然继续的现实。这是围绕民族尊严、历史尊严的正义与邪恶、真理与谬误的决斗。

收入本书的影像记录，正是这一艰辛曲折进程中的历史再现。我希望通过这些图片所展示的悲惨历史和触目惊心的现实告诉人们，尤其是告诉青年一代，不能忘记我们民族的历史，忘记真的意味着背叛！同时，这些历史的东西，无论对于战争受害国的中国，还是战争加害国的日本两个国家的下一代，都不能忽视而应该让他们所了解，让他们了解历史的真相，才会给他们以推动和平友好的责任和动力。

一衣带水的邻邦，还不该从战争的阴影、从严酷的历史教训中走出来吗？

谨以此书献给世界反法西斯战争胜利70周年，献给中国人民抗日战争胜利70周年，献给花冈事件70周年。

张国通

2017年10月

作者简介

张国通

1954 年生

河南省叶县人

郑州大学中文系毕业

高级政工师

中国摄影家协会会员

平顶山摄影家协会副主席

河南省艺术摄影学会副主席

河南摄影报主编

主要作品及荣誉

1987 年 《同是好年华》获全国摄影比赛一等奖

1989 年 《寄托》获香港《摄影画报》摄影比赛金牌奖

1991 年 《五月》获香港《摄影画报》摄影比赛金牌奖

1991 年 《光明的使者》获“中国一日”摄影比赛金奖

1992 年 北京《大众摄影》第六届黑白摄影联展

1995 年 获河南省第二届文学艺术优秀成果奖

1999 年 出版大型摄影画册《花冈事件》，获河南省优秀图书一等奖，河南省外宣品特等奖，“五个一工程奖”，全国外宣品金桥奖

2001 年 再版《花冈事件》

2002 年 北京《为历史作证》摄影个展，作品全部捐赠中国人民抗日战争纪念馆

2002 年 被《摄影之友》评选为“中国最重要摄影人物”

2003 年 被评为河南省文联系统优秀工作者

2004 年 出版摄影作品集《人生话题》

2004 年 被中国艺术摄影学会评为“中国优秀摄影家”

2005年　出版《为历史作证》
2005年　出版《花冈事件60年》
2005年　北京《花冈事件60年》摄影展
上海《不能忘却的历史》摄影展，
作品全部捐赠上海淞沪抗战纪念馆
河南省委宣传部主办《为历史作证》摄影展
平遥国际摄影节《为历史作证》摄影展
2005年　获河南省摄影"金路奖"
2006年　郑州举办新闻发布会，启动《为历史作证》100展
2006年　获中国摄影家协会"中国摄影50年突出贡献摄影工作者"荣誉
2007年　出版《历史·记忆·见证》
2007年　北京卢沟桥·"七七事变"70周年《为历史作证》摄影展
2007年　天津中国劳工纪念馆《为历史作证》摄影展
2007年　南京《为历史作证》摄影展
2008年《为历史作证100展》日本大馆、长崎展
2008年　出版《新美隆》
香港中央图书馆《为历史作证》摄影展
北京798艺术区相空间《为历史作证》摄影展
获河南省摄影金像奖
出版《历史的告白》
2010年　河南省艺术中心《为历史作证》摄影展
2010年　当选"中国具有影响力摄影家"
《历史的告白》获平遥国际摄影大展"优秀摄影画册"奖
获"第九届中国摄影金像奖"
2013年　台湾《为历史作证》摄影展
2014年　获"中国摄影金路奖"提名奖
2015年　出版《二战时期日本强征"慰安妇"罪行采访纪实》
2015年　美国印第安纳州波利斯《为历史作证》摄影展
2015年　北京世纪坛《为历史作证》摄影展

图书在版编目（CIP）数据

花冈事件70年=THE 70 THANNIVERSARY OF HANAOKA INCIDENT / 张国通著.—郑州：河南人民出版社，2018.6

ISBN 978-7-215-09731-5

Ⅰ. ①花… Ⅱ. ①张… Ⅲ. ①花冈惨案－史料 Ⅳ. ①K265.906

中国版本图书馆CIP数据核字(2015)第250494号

河南人民出版社出版发行

（地址：郑州市经五路66号 邮政编码：450002 电话：65788082）

新华书店经销 中国人民解放军第1206工厂印刷

开本 889毫米×1194毫米 1/16 印张 21.5

字数 260千字 印数 1－25 00 册

2018年6月第1版 2018年6月第1次印刷

定价：168.00元